**短時間で劇的な成果を上げる
スピード仕事術がゼロから身につく!**

高速PDCA
見るだけ
ノート

監 修
川原慎也
Shinya Kawahara

宝島社

短時間で劇的な成果を上げるスピード仕事術がゼロから身につく!

高速PDCA
見るだけノート

監修 | 川原慎也 | Shinya Kawahara

宝島社

高速PDCAでは
「計画」以上に「評価」が重要

　月日の経つのは早いもので、私がPDCAをテーマにした書籍を初めて出した2012年から、もう9年が経とうとしています。おかげさまで、「PDCAマネジメントを導入、定着させたい」という企業のお手伝いをたくさんさせていただくことができましたし、それらのコンサルティング経験を通じて、「どうしてもうまくいかない」という企業が、どこで躓いてしまっているのか、そのポイントが明らかになってきました。

　PDCAの成否は、「P（計画）で90%決まってしまう」という当初の主張は確かにその通りなのですが、「では、P（計画）をしっかりとつくり込むことができれば、高い確率でPDCAが回っていくのか」というと、必ずしもそうとは限りません。

　以前から、「P（計画）とD（実行）はできるけどC（評価）とA（改善）がうまくできないからPDCAが回らない」といった意見を、たくさんの幹部クラスの人たちからいただいており、その都度、「そもそも、できていると思い込んでいるPDにも大いに問題ありますよ」というスタンスで臨んでいました。ところが、実は問題はそこに留まらず、CAの、とくにC（評価）についても想像以上に大きな問題があることがわかってきたのです。

　C（評価）においてとくに負担がかかってくることとして、アウトプットに要する時間の多さがあります。

　部長クラスに限らずとも、課長あるいは店長といった役職者であれば、次のような経験をした人も多いのではないでしょうか。社内の何らかの会議に使用する資料を作る際、実績系の数値を収集分析し、最終的にパワーポイントのよ

うなプレゼン資料として整えるのに丸1日、あるいはそれ以上の工数がかかってしまうようなケースです。

　単純に、売上げ、粗利といった合計の結果系の数値であればそれほどの工数はかからないでしょうが、各部署や各店舗の実績を分析するために必要な数値は、エリア別、商品別、店舗別、担当者別等々、メッシュを細かく区切ったものが当然必要ですし、そこで発見した異常値の原因を究明しようとすると多くの工数を割く必要がでてくるわけです。

　結果系の数値でさえ、細かくなるとこのような状況ですから、KPI（重要業績指標）といわれるプロセス系の数値になると、アウトプットどころか、もはやインプットすらもおぼつかないといったケースも少なくありません。

　このようなC（評価）の問題を目の当たりにしたこともあり、「役職者が必要とするメッシュを細かく区切った結果系の数値を瞬時に見られるよう可視化」「インプットに課題のあるとされるKPIにおいてインプット時間を1日1〜2分に簡素化」を具現化するサポートをしたところ、当然ではありますが、PDCAの推進を阻む壁は劇的に解消し、円滑に回るようになりました。

　たとえば、自分自身の労働時間における顧客との面談時間比率をタイムリーに確認できるようになった営業スタッフが、自発的工夫でその比率を向上させることで営業実績向上につなげたといった、いわゆるダイエット効果のような改善がスピーディに行われるようになっています。

　この度、本書を監修するにあたり、またタイトルに"高速"とあることから、このC（評価）のエッセンスをしっかりとお伝えしながら、改めてPDCAそれぞれの重要なポイントについて整理しました。

　新型コロナウイルスをきっかけとした、経験したことのない環境下におけるマネジメントを余儀なくされるなか、ひとつでも多くのヒントになってくれれば幸いです。

　それでは『高速PDCA見るだけノート』、ご堪能ください。

川原慎也

短時間で劇的な成果を上げる
スピード仕事術がゼロから身につく!

高速PDCA
見るだけノート
Contents

はじめに ………………………………… 2

巻頭
ビジネスに活用できる
最強のフレームワーク
PDCA とは何か ……… 8

Chapter0
PDCA が
うまく回らない
9 つの原因

01 【うまく回らない原因①】
PDCA が高速で
回っていない
高速 PDCA ………………… 12

02 【うまく回らない原因②】
現状把握が間違っている
現状を正しく把握 ………… 14

03 【うまく回らない原因③】
目標設定が低すぎる
すべき目標 …………………… 16

04 【うまく回らない原因④】
問題を共有できていない
問題点を共有 ………………… 18

05 【うまく回らない原因⑤】
忙しくて手が回らない
業務を整理 …………………… 20

06 【うまく回らない原因⑥】
長年の習慣を変えられない
形状記憶組織 ………………… 22

07 【うまく回らない原因⑦】
自分ごとにできていない
自分ごと …………………… 24

08 【うまく回らない原因⑧】
自ら考え、実行していない
1:1.6:1.6 の 2 乗の法則 … 26

09 【うまく回らない原因⑨】
目標を共有できていない
ビジョン …………………… 28

Chapter1
本気で実践するための
PDCA の基本

01 PDCA は
マネジメントに役立つ
マネジメントスキル ………… 34

02 大きな目標と
小さな目標を使い分ける
大きな目標／小さな目標 ……… 36

03 目標と目的を混同しない
モチベーション …………… 38

04 目的と目標の共有が
組織の強さに
目的と目標を共有 ………… 40

05 ビジョンにたどり着くまでの
プロセスが重要
ビジョン／プロセス ………… 42

06 PDCA に取り組む
課題を絞り込む
テーマの絞り込み ………… 44

07 PDCA を妨げる
組織内の利害を調整する
利害調整 …………………… 46

08 「なぜ」を繰り返すことで
問題点が明確になる
言葉を定義 ………………… 48

09 説得や押しつけでは
PDCA は回らない
部下の納得 50

10 自社の戦略意図に
基づいた指示
戦略意図 52

Chapter2
PDCA は「計画」で
9 割決まる

01 計画と目標の違いを
理解しよう
最も重要な目的 58

02 PDCA は計画が 9 割
つくり込んだ計画 60

03 「目標」と「見込み」の
ギャップを明らかにする
ギャップ／方程式 62

04 勝てるイメージに仕上げる
勝てるイメージ 64

05 業績予想やできる目標を
ゴールにしない
内部環境のジレンマ 66

06 問題の正しい認識が
計画づくりの第一歩
認識 68

07 成果主義が P を邪魔する
成果主義 70

08 手段の目的化が
計画をダメにする
手段の目的化 72

09 PDCA の最大の敵
「やっても変わらない」
計画倒れ 74

10 顧客の真のニーズを
正確につかむ
真のニーズ 76

11 計画づくりの原点は
「お客さまとの約束」
お客さまとの約束 78

12 その計画は
顧客の期待を上回れるか
期待 80

13 計画は「お客さまとの
約束」から落とし込む
差別化 82

14 あり得ないことも
準備しておく
BCP（事業継続計画） 84

Chapter3
即「実行」が変化と
スピードを生む

01 PDCA における
「実行」が組織を変える
実行フェーズ 90

02 最も重要な行動を
見極める
最も重要な行動 92

03 「見える化」すると
PDCA は高速化する
PDCA サイクルの見える化 ... 94

04 何から実行すべきか
優先順位を決める
緊急・重要マトリクス 96

05 実行を妨げる
人の 3 つの特性
人間の 3 つの特性 98

06 よい体感を共有しよう
体感の共有 ·················· 100

07 リーダー自ら率先し
模範になろう
模範 ························ 102

08 コミュニケーションを
円滑にしよう
共通の言葉 ················· 104

09 生産性を最大化するために
人材と時間を配分する
部下育成 ··················· 106

10 チームでフローをつくれば
効率が大幅アップ
心の状態 ··················· 108

11 チームの効率を高める
リーダーの心得
議論 ························ 110

12 実行力のある組織を
つくる「5S」
5S ························· 112

Chapter4
結果はすぐに
数字で「評価」する

01 PDCA を回すための
評価指標 KPI
KPI ························ 118

02 何が問題なのかを
正しくつかむ
事実を正しく認識する ········ 120

03 早い評価が
早い改善につながる
評価のタイミング ··········· 122

04 現場へ行き、現場を観察し、
現場を知る
行動 KPI ··················· 124

05 チェックの負担を減らす
PDCA の習慣化
習慣化 ····················· 126

06 目標の数値化が
評価をスムーズにする
KPI の数値設定 ············· 128

07 「振り返り」に欠かせない
KPI マネジメント
振り返り／KPIマネジメント ··· 130

08 チェック&フォローが
継続のコツ
チェック&フォロー ········· 132

09 行動パターンは量から質へ
行動 KPI ··················· 134

10 振り返るべきポイントを
間違えない
目標の振り返り ············· 136

11 行動が低下する理由を
押さえる
数値 ······················· 138

12 自社のビジネスで
何が必要かを常に問う
ロジック ··················· 140

13 問題点を組織全体で
共有する
問題点を共有 ··············· 142

Chapter5
スピード「改善」が
次のプランを生む

01 PDCA は改善の
繰り返しである
継続的な改善活動 ··········· 148

02 改善にはメンバーの
共通認識が欠かせない
スタート時の視点 ··········· 150

03 改善では
実現可能性を提示する
実現の可能性 ················ 152

04 改善事例を見つけ出す
ベストプラクティス ·········· 154

05 改善案をすぐプランに
移すコツ
見える化ツリー ··············· 156

06 継続的改善活動の習慣化
改善の習慣化 ··············· 158

07 改善のポイントは
顧客との接点
お客さまとの接点 ··········· 160

08 本質を見抜くための
考察が必要
お客さまの言葉 ·············· 162

09 改善を邪魔する
4つのしがらみ
4つのしがらみ ··············· 164

10 迅速な改善のための
意思決定のコツ
議論の場づくり ··············· 166

11 改善には
コミュニケーションが必要
他部門とのコミュニケーション
··············· 168

12 組織内の対立の存在を
理解しよう
対立構造 ··············· 170

13 PDCAを回すための
会議のコツ
討議／対話 ··············· 172

14 情報収集で視野を広げる
情報収集 ··············· 174

Chapter6
有名企業に学ぶ
PDCAの成功事例

01 トヨタ式PDCA
「カイゼン」の極意
7つのムダ ··············· 180

02 ソフトバンクの
1日単位の高速PDCA
ソフトバンク3原則 ··········· 182

03 仮説を立てて評価・改善
無印良品のPDCA
仮説／評価・改善 ··········· 184

04 問題を的確に把握して改善
ユニクロのPDCA
当たり前の約束を徹底 ········ 186

05 お客さまとの約束を徹底
成城石井のPDCA
定義 ··············· 188

Column

01 やり方を現場任せにすると失敗する
··············· 30
02 実行前に計画をチェックする ······· 54
03 思ったより実行は難しいモノ ····· 86
04 評価をブラックボックス化しない ··· 114
05 結果より行動が重要 ··············· 144
06 改善策は新たな計画の始まり ··· 176

主要参考文献 ··············· 190

ビジネスに活用できる
最強の フレームワーク

PDCAとは「計画（Plan）」「実行（Do）」「評価（Check）」「改善（Action）」の頭文字を取った業務改善のためのフレームワークです。

Plan（計画）

品質管理や業務改善のための目標を設定し、それを実行するための計画を作成する。

実行は細かい業務レベルにまで落とし込まないと！

走り始めたら評価の段階まで止まらない！

常に実行することが当たり前になるように

Do（実行）

目標達成に向けて計画を実行に移す。実行期間は短めに設定すると効果が見えやすい。

実行の期間は短く、細かく評価を受けるようにする

PDCAとは何か

ビジネスフレームワークで最も知られている「PDCAサイクル」。知ってはいるけれど
実践できていない人は多いですが、身につけると仕事の質もスピードも劇的に変わります。

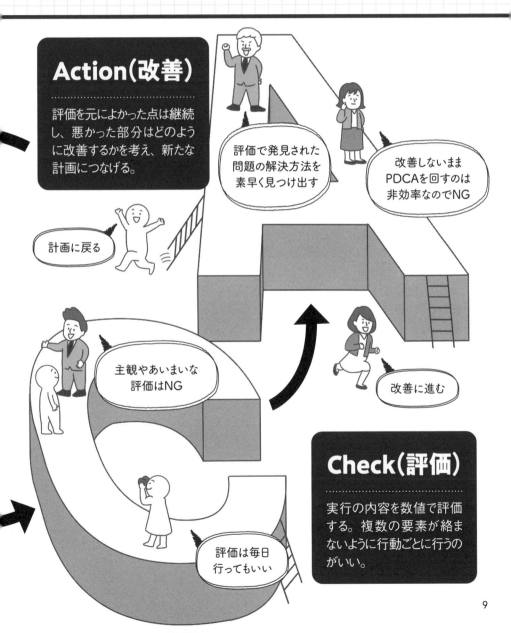

Action（改善）

評価を元によかった点は継続し、悪かった部分はどのように改善するかを考え、新たな計画につなげる。

評価で発見された
問題の解決方法を
素早く見つけ出す

改善しないまま
PDCAを回すのは
非効率なのでNG

計画に戻る

主観やあいまいな
評価はNG

改善に進む

Check（評価）

実行の内容を数値で評価する。複数の要素が絡まないように行動ごとに行うのがいい。

評価は毎日
行ってもいい

0

Kousoku PDCA
mirudake note

PDCAがうまく回らない
9つの原因

PDCAというフレームワークが登場して以降、成功する例がある一方で、失敗する企業も後を絶ちません。その理由は正しいやり方を知らないため。まずはPDCAがうまく回らない原因をしっかり学びましょう。

01

高速PDCA

【うまく回らない原因①】
PDCAが高速で回っていない

PDCA サイクルは高速でないと無意味です。変革という結果を出すためには、毎日「C（評価）」を行うべきなのです。

PDCA サイクルは、高速で回さなければ意味がありません。高速でない PDCA サイクルは、実は今までと変わらないやり方で「PDCA ごっこ」をしているにすぎないのです。当然、業績には連動しません。強いビジネスモデルを確立して規模を拡大してきた超大企業ほど、「ＰＤＣＡごっこ」になっているケースが散見されます。大きな変革にチャレンジするよりも、それまでの仕事のやり方進め方を守ることで、一定の業績を上げられる力があるからです。これに当て

遅いPDCAは結果が出にくい

はまる会社では、**高速PDCA**を必要としないのかも知れません。最近のコロナ禍の中でも、東証一部に上場しているような企業は、比較的堅調な業績を上げていることが明らかになってきたうえ、日経平均株価にいたってはバブル崩壊後の最高値を更新するような動きを見せているほど。こういう例は別として、変革による成長を狙う会社であれば、日々の「C（評価）」→「A（改善）」は必須です。「3ヵ月に1回」のC（評価）など「変革しない」と宣言しているようなもの。変革はすぐには達成できないからこそ毎日チェックし、改善案をすぐに実行する必要があるのです。

大企業に高速PDCAはいらない！？

13

【うまく回らない原因②】
現状把握が間違っている

高速PDCA

人は問題を表面的に捉え、解決しようとします。大切なのは、現状を正しく把握し、問題の根本的な解決を目指すことです。

現状を振り返り、「今、どんな状況なのか」「問題は何なのか」をメンバーと共有することが、業務計画をつくるスタートになります。そのとき必要不可欠なのが、「**現状を正しく把握**すること」です。「当たり前だ」と思うかもしれませんが、そう簡単なことではありません。なぜなら、人間は問題があると表面的に捉えてしまい、それに対処しようとするからです。表面的な対処策では、問題の根本的な解決には結びつきません。

現状を正しく把握する

個人の実績を重視する会社では、リーダーがまず自分自身の目標達成を最優先にしがちなため、コミュニケーションが不足し、部下がなかなか育たないという問題が起こります。その問題に対し、「リーダーのマネジメント能力を高める教育プログラムを実施する」という表面的な解決策を取っても、根本的な解決にはなりません。「なぜリーダーが自分の業績を最優先しなければならないのか」という疑問を解決しないかぎり、部下育成の時間が取れないという状況は打開できないのです。ひとたび問題を捉えたら、「それはなぜ起きているのか」を繰り返し問いかけ、現状を客観的に把握することが不可欠です。

15

高速PDCA

【うまく回らない原因③】
目標設定が低すぎる

高い目標を立て、それを目指すことで、仕事のやり方をより効果的・効率的に変えていく必要性が高まっていきます。

目標には「できる目標」と「**すべき目標**」があります。できる目標とは、「今期の実績が5億円だったから、来期も同じくらいでいいだろう」と考えてしまう「過去志向型の目標」です。それに対し、すべき目標は「今期の実績は5億円だったが○年後には10億円にしたい。それを前提に、来期は6億円の売上げを達成したい」と考える「未来志向型の目標」です。この「すべき目標」を立てることが、PDCAを回すための前提となる計画の練り込みに必要不可欠なのです。

「できる目標」よりも「すべき目標」を

「できる目標」と「すべき目標」の決定的な違いは、それぞれの目標を立てたときの「求められる変化の必要性」の高さにあります。「できる目標」は過去からの延長線上にゴールを置くので、目標達成の難易度は決して高くありません。そのため仕事の仕方を変える必要性も低くなります。一方「すべき目標」は、到達したい〇年後の未来から逆算して「来期に達成すべき目標」に落とし込むため、必然的に難易度の高い目標になります。高い目標を本気で目指すからこそ、仕事のやり方をより効果的・効率的に変えていく必要性が高まっていきます。だからこそ「すべき目標」を立てる必要があるのです。

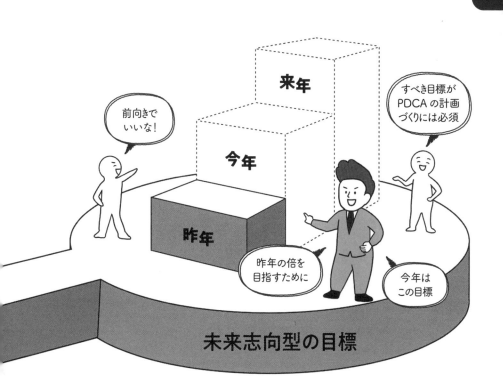

高速PDCA

【うまく回らない原因④】
問題を共有できていない

なかなか改革できないのが組織というもの。変化に強い組織を
つくるのに必要なのは、問題点の洗い出しと共有です。

企業が成長できない理由の1つは、「新しい取り組みをしない、あるいはできない」ことにあります。しかし「改革しなければならない」とわかってはいても、なかなか変われないのが会社や組織です。その変われない要因で最大のものが「いちばんの問題点を全員で共有」できていないこと。そのため最初に行うべきなのは、「このまま続けていては問題だ」と多くの人が認めるような問題を、全社的な視点で洗い出すことです。

合意がなければ成長できない

既存の業務を改革するには、改革したい部分だけに焦点を当てるのではなく、全体の因果関係の中で改革しなければならない部分を捉える必要があります。問題の洗い出しができたら「この問題はなぜ発生しているのか」「この問題を放置した結果、どんな問題が起こっているのか」という因果関係をはっきりさせて、**問題点を共有**します。そして議論を重ね、「こうすれば問題を改善できる」といった解決策を導き出していきます。問題はあいまいなまま放置せず、徹底的に議論というプロセスを通じて意思決定する——こういった習慣こそが、組織を変化に強い体質に改革することにつながるのです。

【うまく回らない原因⑤】
忙しくて手が回らない

高速PDCA

日々の業務に追われ、ほかのことに手がつかない……。でも冷静に具体的に業務を整理してみると、そうではないことが多いのです。

朝、出社してからその日の仕事が終わるまで、ビジネスパーソンにはやらなくてはならない仕事がたくさんあります。そのため、いざPDCAを実践しようとしても、日々の業務に追われてなかなか手がつけられないということも多いでしょう。そんな人がまずやるべきなのは、業務を整理することです。「たくさん」ある業務を「やらなければいけない業務が具体的にいくつあって、業務にかかる時間は何分なのか」を整理するのです。

「たくさん」ある「やること」を整理する

実際に日々の業務の洗い出しをしてみると、実は案外多くなかったと気づいたりします。日々やらなければいけない業務は、慣れているためどんどんこなそうとして、冷静に**業務を整理**してみるというステップを踏まなくなります。その結果、2つ3つ重なっただけで「やることがたくさんある」という気分になりがちですが、整理すると意外とそうでもありません。これは、現場の従業員が陥りやすい行動特性だといえます。日々の業務を整理し、「忙しい！」と思い込まないことが大切なのです。リーダーはこのことを頭に入れておき、自分自身がこの思い込みに振り回されないようにしましょう。

06
高速PDCA

【うまく回らない原因⑥】
長年の習慣を変えられない

人も組織も「習慣」を変えるのは大変なもの。「形状記憶組織」
になってしまっては改善を続けることはできません。

組織の改善を確かなものにするには、変化し続けなくてはなりません。しかし、組織には、ある形が定着するとそれを維持しようとする力が働きます。そんな組織のことを「**形状記憶組織**」といい、「成果が出なければすぐに元に戻ってしまう」という傾向があります。それだけ人も組織も、もともと取っていた行動（習慣）を変えるには大きなストレスがかかるということであり、そのストレスに耐えるためには、早い段階での成果が必要とされます。

計画しても元に戻る理由

仕事前に整理しよう！

朝から忙しい!!

清掃大事！

整理整頓して働きやすく！

掃除なんてやってられない

清潔な職場！

後輩の育成もがんばろう！

指導も全然ない

机も汚い

形状記憶組織

計画したことが続けられず、元に戻ってしまう組織のこと

とくに、挨拶や5S（整理、整頓、清掃、清潔、躾）といった組織の基本でさえ徹底できていない組織は、「形状記憶組織」である可能性が高いといえるでしょう。とはいえ、すぐに目に見える大きな成果を求めてしまうのも組織というもの。時間がかかっているのに評価されないとなると、改善は滞ってしまいます。そうならないためには、目標をできる限り細かく設定することが大切です。1年、あるいは半年スパンの成果を目標として設定しておく一方で、1カ月間の成果、1週間の成果、今日1日の成果をどう捉えるかを考えます。その成果を共有することが、改善を続けるために重要なのです。

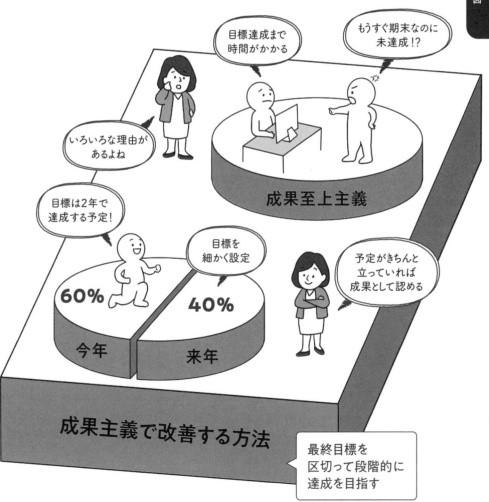

07
高速PDCA

【うまく回らない原因⑦】
自分ごとにできていない

「会社にやらされている」という思い込みを抱いていると、自発的な行動が取れず、PDCAサイクルは回りません。

PDCAで重要なのは、「P（計画）」です。しかし、この最初の段階でつまずいているリーダーが多いのも事実です。上から降りてきた目標数値をそのまま計画書に掲げているだけでは、PDCAサイクルは回りません。つまずく大きな要因として挙げられるのが、リーダー自身の「計画はつくらされるもの」**「会社にやらされている」という「思い込み」**です。つまり、計画づくりをどこか他人ごととして捉えているため、自発的な行動に結びつかないのです。

「自分でやる」と「やらされる」の違い

改善するぞ 考えるぞ

自発的

どうすればいいか 方法を考えよう

考察

指示なので

やらなきゃ いけないか

受動的

思考放棄

数値目標を 出しておくか

改善の必要性をリーダーが 感じれば自発的に動く

受動的な目標設定は 計画づくりに影響する

営業会議では「先月の売上目標に対して、90%の達成率で終わってしまいましたが、今月以降、新規訪問を強化して月間目標の達成に努めます」というような発言がよく聞かれます。しかし、これでは目標に対する議論になってしまっていて、結果や進捗状況の確認でしかありません。ここで必要なのは、結果が未達となってしまった要因となる実行面の障害を自責のスタンスで突き止めて、その障害克服に対して「ダイレクトに効果をもたらす」と確信できる改善策を検討することです。PDCAサイクルが回らないという問題の本質は、課題や改善策をメンバー全員が「**自分ごと**」にできてない、ということに尽きるのです。

高速PDCA

08

【うまく回らない原因⑧】
自ら考え、実行していない

ビジネスにおいて実行の質を高めるには、メンバーが「自ら考え、自ら実行する」状況をつくり出すことが重要です。

仕事のやり方に「変化」を起こすためには、個人が考えて実行するというアプローチだけではなかなか前に進みません。とはいえ、個人として気をつけておきたいポイントはあります。ビジネスにおいて実行の質を高めるためには、実行に携わる人が「自ら考え、自ら実行する」状況をつくり出すことが重要になります。

たとえば、コンサルティング会社の船井総合研究所には、古くから受けつがれているルールとして「**1：1.6：1.6の2乗の法則**」があります。

強制と自発の差

「1：1.6：1.6の2乗の法則」とは、たとえば上司から指示があって「命令だからやるしかない」と思いながら実行した仕事の成果を「1」とすると、上司の指示に納得して行ったときの成果はその「1.6」倍に上昇し、さらに、上司からの指示ではなく、自発的に実行したときの成果は「1.6の2乗」倍に跳ね上がるというものです。つまり、外部のコンサルタントがどんなによい提案をしたとしても、メンバーの実行の質が高まらなければ、成果につながらないということです。コンサルタントに限らず、他人を動かして成果を出そうとする立場にある人は、メンバーが「自ら考え、自ら実行する」ように導くことが重要です。

【うまく回らない原因⑨】
目標を共有できていない

高速PDCA

企業の経営理念をメンバー全員が「自分の言葉」として理解し、共有することで、初めて PDCA が回り始めます。

会社には「経営理念」「社是・社訓」など、「何のために、この事業を展開しているのか」「何を目指しているのか」といった会社の**ビジョン**を表している言葉があります。PDCA の大前提になるものが、この「目的」です。よく見られるのは、事業の目的がいかによい言葉で書かれていても、単なる言葉として受け止めている社員が多く、「自分の言葉」として理解できていないということです。これは、実にもったいないことです。

会社の目的を自分ごとにする

事業目的とは「展開している事業を通じて何を実現したいのか」であり、企業の価値観とは「この会社の社員として、曲げてはならない信条や価値観は何か」、将来像とは「5年後、10年後の定量目標と定性目標は何か」です。これらを全社員が共感できるものとして集約したのが「経営理念」「社是・社訓」「ビジョン」です。それをメンバーが共有するとPDCAがうまく回り始めます。経営理念や社是・社訓、ビジョンの多くは、わかりやすくするため、ありふれた言葉で書かれています。だからこそ、その言葉に至ったプロセス、言葉に込められた思いを酌んで、**「目的」を自分たちの言葉で語れるようにする**ことが大切なのです。

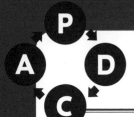

やり方を
現場任せにすると
失敗する

　PDCAサイクルを回すうえでとくに重要なのは、「P（計画）」です。そしてPDCAがうまく実施できないほぼすべての原因は「計画のダメさ」にあります。

　たとえば「来期の計画については、今期に引き続き非常にきびしい経営環境の中で戦っていかなければならないので、大きな伸びは期待できそうにない。よって、今期とほぼ同じ数値目標を必達目標として目指していこうと思います」といった前提で、計画が立てられたとします。その計画には、数値目標を月別、商品別、営業担当別に落

こんなやり方
ですか？

やりやすい方法で
構わないよ

うまくいきません
でした

どんなやり方
したの?

とし込んでいたり、販促イベントなどの予定が表記された
りしていて「計画らしきもの」に見えますが、ほとんどの
場合、根拠の薄い数値目標が並べられているにすぎない
のです。

　どうしてこのようなことが起こるのか、その原因の1つは、
計画を承認する組織上の問題です。会社全体の計画をま
とめていくうえでは、各部門の計画について上層部がいち
いち検討することはありません。つまり「何を」「いつまでに」
があれば議論するには十分なので、本来不可欠な要素で
ある「誰が」「どうやって」については、「各部門で考え
ればいい」と現場任せになっているのです。

　こうして上層部では「計画」のごく一部だけの是非が
問われ、現場レベルのチェックが行き届くことなく、実現
の可能性の低い「計画らしきもの」ができ上がります。そ
してこの「計画らしきもの」を「計画」として位置づけ
たマネジメントが実際に行われてしまうのです。「そもそも
PDCAがスタート時点でつまずいている」というのは、ほ
とんどの場合、このようなケースを指します。

Chapter

1

Kousoku PDCA
mirudake note

本気で実践するための
PDCAの基本

「PDCA をやりさえすれば業績が回復する」と思っている人も少なくないかもしれません。 しかし、 PDCA は正しく回してこそ意味があるものです。 それを理解しなくては失敗してしまいます。

01

高速PDCA

PDCA は
マネジメントに役立つ

責任を持つ立場になると、チームとしての成果を出すことが求められます。そのために必要なのが、マネジメントスキルです。

チームを率いるリーダーには、チームのメンバーをマネジメントし、業績を上げていくことが求められます。部下を持つと、それまでのように自分の成果を上げることに集中していればいいだけではなくなり、組織としての成果を上げなくては評価されません。個人の成果を出すことと、チームの成果を出すこととは、まったく次元が違うことであり、チームとしての成果を出すために必要なのが**マネジメントスキル**。その1つが「PDCA」サイクルです。

マネジメントに役立つPDCA

PDCAサイクルは、「Plan → Do → Check → Action」というサイクルを回していくことで、仕事を改善、効率化するための方法です。日本では1990年代後半から普及したのですが、この業務改善手法が長い間廃れずにいるのには、理由があります。1つは、業務管理の基本的な考え方であること。もう1つは、有名な手法にもかかわらず、このサイクルを使いこなせている現場はあまり多くない、という実情があるからです。これまで通りのことを実行していては、「変化」は起こりません。PDCAに求められているのは変化ですから、そもそも簡単にできるようなことではないのです。

02

高速PDCA

大きな目標と
小さな目標を使い分ける

「できる目標」と「すべき目標」との距離を測り、バランスよく
メンバーに提示することが、リーダーの責務です。

目標の達成とは会社との約束ともいえます。そのため、「できる（＝達成できる可能性の高い）目標」を設定して、しっかり責任を果たすという姿勢も大切です。しかし、現状維持に多少プラスしたくらいの目標では、大きな成長を望むことはできません。それどころか、現状維持の姿勢は、これまでの仕事のやり方をこれからも続けていく、つまり大きな変化は望まないという前提に立ってしまっていることになります。

現状維持ではPDCAは回らない

大きな変化を望まないということは、目標を達成するために「計画」をつくり込む必要がなくなるということです。成長スピードを加速させるには、達成する可能性は低いと思っても、「**大きな目標**（すべき目標）」を設定して、そこに向かっていく姿勢が必要です。「大きな目標」はPDCAにおける重要なゴールなので、リーダーは、「**小さな目標**（できる目標）」と「大きな目標（すべき目標）」の2つの視点を持ち、小さな目標はそのまま実行し、大きな目標については、最終的に達成したい目標と、現状でできる目標との距離を測りながら、バランスよくメンバーに示していく必要があります。

03 目標と目的を混同しない

高速PDCA

目標の達成＝目的ではありません。目的とはモチベーションの元であり、ずっと求め続けるものなのです。

部署の目標を達成することは、PDCA を実践するうえで重要です。しかし、目標を達成することは、「目的」ではありません。たとえばチームの年間売上げという目標があり、それを達成できても自身の目的が達成できたわけではありません。目的とは「自分が仕事を通じて目指したいこと」であり、「業界全体を元気にしたい」など、自分が何のためにがんばって仕事をしているのか、という**モチベーション**の元になるものです。

目標と目的の違い

目標

チーム売上げ
1億いくぞ!

明確だ!
わかりやすい

目標とは達成基準があり
それを目指すもの

目的

みんなが達成感
を持つことかな

そんなスタイルで
仕事したいな!

目的とは個人が
行動するときのモチベーション

この「目標」と「目的」の違いを明確にしていなければ、メンバーもモチベーションを維持することが難しくなってしまいます。目的を明確に持っているからこそ、1つの目標を達成したらまた次なる目標が立てられ、その目標に向かってがんばり続けることができるのです。このように、目的と目標は、まったく質の異なるものです。目標は、達成できたのかできなかったのかを明確に判断できます。しかし目的は、あるべき姿はイメージできても目標ほど明確なゴールはないので、「ずっと求め続けるもの」といえるかもしれません。PDCA を継続して組織を成長させる源泉となるのが目的なのです。

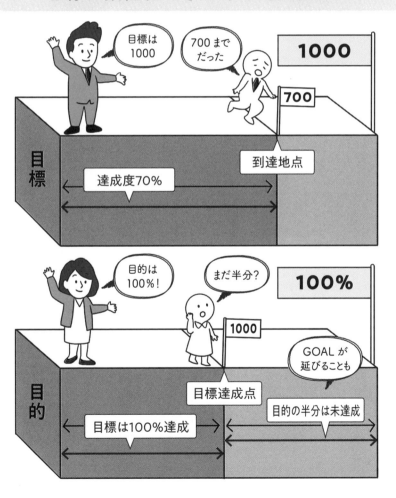

目標は数値化できても目的は難しい

高速PDCA

04 目的と目標の共有が 組織の強さに

強い組織になるには「目的と目標の共有」が不可欠です。中でも重要なのが、メンバーとのコミュニケーションです。

目的と目標の違いが理解できたら、次に考えなくてはならないのは、メンバーとPDCAの**目的と目標を共有**して強い組織にすることです。売上げ、利益、コスト削減、商品開発など、会社や組織ごとに必ず目標が掲げられているでしょう。ところが、多くの会社の現場で耳にするのは、「あくまで会社が決めた目標で、自分たちが決めたものではない」という話です。中には経営陣が「目標達成は難しいと思うが、80%達成でいいと思っている」という場合もあります。

目的と目標を共有する

これでは強い組織になどなれません。「目標を共有できている状態」とは、コミュニケーションとそれに基づく合意形成ができているということです。人を動かすためには、相手に理解してもらい、なおかつ納得してもらうというプロセスが必要不可欠。理解とは「なるほど、そういうことか」ということであり、納得とは「それならできそうだ」ということです。だからこそ、目標を共有する段階でコミュニケーションが必要なのです。コミュニケーションとは一方的な上意下達ではなく、本音と本音で話し合える場を用意し、時間をかけて理解してもらうこと。それがないと PDCA はうまく回りません。

05

高速PDCA

ビジョンにたどり着くまでのプロセスが重要

会社で掲げられているビジョンが一般的なものであったとしても、そこにたどり着くまでのプロセスに注目することが大切です。

企業が掲げているビジョンは、簡潔な文やキーワードで書かれていることがほとんどのため、会社のビジョンを見て「一般的すぎる」「意味がよくわからない」と感じたことがあるかもしれません。しかし、その簡潔な表現に至るまでには、ビジョン策定に参加したメンバーは創業するときに「どんな思いで会社を立ち上げたのか」「どうやって社会に貢献していくか」「将来どんな会社になっていたいか」といったテーマを設定し、多大な労力を費やしています。

ビジョンの意味を知る

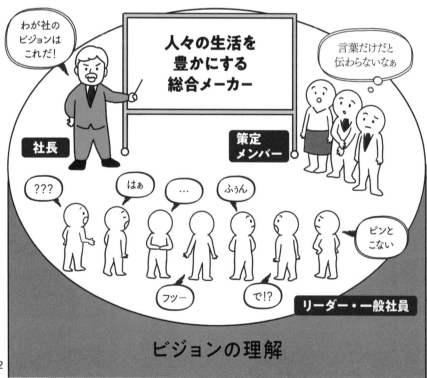

ビジョンの策定をしたメンバーは、一つひとつの言葉に対して強い思い入れを持っています。大切なのは、**ビジョン**にたどり着くまでの**プロセス**に関心を持ち、その思い入れを自分自身の腹に落ちるまで理解することです。たとえ現在の組織の状態がビジョンとはほど遠いものであったとしても、ビジョン策定のプロセスをたどればその状態に近づいていけるのか、ビジョンを実現するために必要な行動は何かを考えることが大切です。リーダーが自社のビジョンを理解することができれば、そこで表現されている言葉がわかりにくいものであったとしても、メンバーに自分の言葉で説明することができ、PDCA の目的と目標の共有に役立つのです。

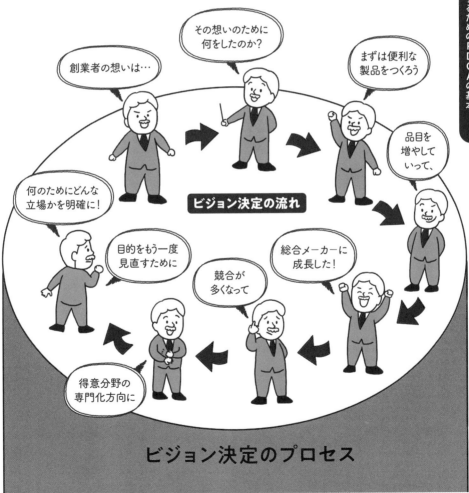

高速PDCA

PDCA に取り組む
課題を絞り込む

携わっているすべての業務を PDCA の対象にしようとするのは間違い。そんなときは対象を絞り込むのが成功の秘訣です。

リーダーが「PDCA がうまく回っていない」と感じている場合に、間違えてしまいがちなのは「自分自身が携わっているすべての業務を PDCA の対象にしようとしてしまうこと」です。しかし、いきなりそのような高いレベルを求めるのは、無理があります。まずは、PDCA をうまく回す習慣をつけるためにも、業務の中で最も重要なテーマを見極めて、それを PDCA マネジメントの対象にすることから始めるといいでしょう。

PDCA を行う業務を見極める

PDCA マネジメントを駆使して成功している人は、一見複数のテーマを対象にしているように見えても、当事者である本人が意識しているのは原則として１つ、多くても２つまでのテーマだということがわかっています。重要な新しい取り組みを始めようと思っても日常的にこなさなければならない業務もあり、なかなか前に進まないということは多々あります。だからこそ日常業務をしっかり回しながら、新たな取り組みによって組織によい変化をもたらそうというのが、PDCA マネジメントです。問題の本質を見極め、**テーマの絞り込み**を行うことは必然なのです。

高速PDCA

07 PDCA を妨げる
組織内の利害を調整する

組織の仕事の中には、いろいろな「しがらみ」が絡んでいます。
よくないのは、その存在に気づかないことです。

「本当はこうすればいいのに」と思っていても、「しがらみ」があると、なかなか実行できないもの。組織で仕事をしていると、少なからずしがらみに縛られたりします。多くの場合、しがらみには組織における「評価（人事査定）」が絡んでいます。人事査定はたいてい半年や1年間と期間を区切って実施されるので、「結果を出すのに数年かかるような取り組みは、なかなか評価されないからやらない」という状況に陥りやすくなります。

個人も組織もしがらみから脱却する

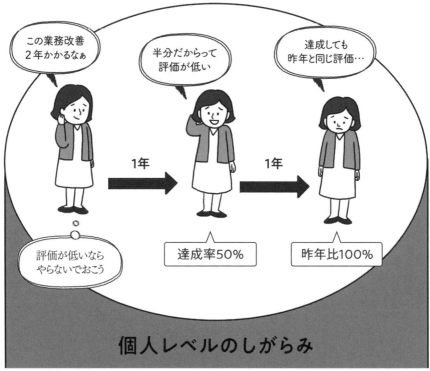

この業務改善
2年かかるなぁ

半分だからって
評価が低い

達成しても
昨年と同じ評価…

評価が低いなら
やらないでおこう

1年

1年

達成率50％

昨年比100％

個人レベルのしがらみ

46

大切なのは、同じ組織内でも、部署やポジションによって利害が違うことに気づくことです。メーカー系企業の場合、売れずに在庫が増えればロスになり、在庫が切れてしまえば機会損失になります。そのため注文を受ける部署では在庫を確保して機会損失を防ぎたい一方で、原価率やロス率の削減を担っている部署では、在庫量を減らしたいでしょう。このように組織にとってどちらも間違っていないけれど、相反する（同時にはできない）行動があります。よくないのは、こうした組織内の利害関係に気づいていないことです。気づきさえすれば「今、自社はどうすべきか」を指示し、**利害調整**をすることができるからです。

組織レベルのしがらみ

高速PDCA

「なぜ」を繰り返すことで問題点が明確になる

あいまいなままではなく、言葉をきちん定義し、問題に対して「それはなぜか」にフォーカスして考えることが大切です。

まず、「計画（P）」という**言葉を定義**してみましょう。計画とは「目標を達成するための道筋」がつくり込まれたものであり、ビジネスにおける目標は「目指すゴール」を明らかにしたものです。「PDCA がうまく回らない」という問題がある場合、その原因の多くは「計画がつくり込まれていない」からだと気づくことができるでしょう。このように、まず言葉の定義をはっきりさせない限り、何をすべきなのかは、決して明らかになりません。

問題の原因究明にこだわる

計画（プラン）の定義なし

言葉の定義がいかに重要であるかは、PDCAの各ステップにも共通していえることであり、「実行（D)」も例外ではありません。たとえば「営業が弱い」といった場合、問題なのは「競合企業と比較した拠点数や営業マンの数」なのか、「新規顧客が増えずに既存顧客も減少している」ことなのかなど問題点を掘り下げることで、組織の「弱点」が明らかになってきます。単に「○○が弱い」というだけでなく、「それはなぜか」にフォーカスして考えることが大切なのです。「なんとなくわかっている」という状態に留まることなく、「なぜ」を繰り返すことで、「実行の質」は確実に高まっていきます。

計画（プラン）の定義あり

あいまいな言葉をやめ
具体的な原因を抽出する

高速PDCA

説得や押しつけでは
PDCAは回らない

業績アップは1人ではできません。かといって「あるべき論」
では、部下を納得させ、動かすことはできないのです。

PDCAのサイクルをうまく回すためには、まず部下であるメンバーを巻き込む
ことが必要不可欠です。ところが部下を持つと、つまずいてしまう人も少なく
ありません。そういう人たちに共通しているのは、「給料をもらっているのだか
ら当然そのぶんの責務を果たすべきだ」と、自分自身の経験や考えを部下に押
しつけて、人を動かそうとする点です。

理解してもらい、納得してもらう

リーダーは、「あるべき論」だけでは人は動かない、ということを認識する必要があります。「やるべきことを理解し、納得すれば人は動く」とよくいわれますが、どうすれば部下を納得まで導けるのかがポイントです。人が納得する心理とは「なるほど、そうか」という感情であり、その根底にあるのは「その通りにやればできそうだ」というイメージです。つまり、**部下の納得**を得るには、実現の可能性が見えなければいけないということです。そのため、計画をつくる際はリーダー１人ではなく、計画の策定からメンバーを巻き込んで、合意形成を図りながらつくり込んでいくことが重要です。

10 自社の戦略意図に基づいた指示

高速PDCA

リーダーは、会社の方針をよく理解して部下に指示を出さないと、本末転倒な事態を招くことにもなりかねません。

「戦略」という言葉はわかりやすくいうと「勝ち抜くための作戦、生き残るための作戦」といえます。企業はその時々の状況に応じて、なんとしてもライバルに勝とうとすることもあれば、当面我慢を重ねながら財務状態を改善しようとすることもあります。いずれの場合でも、PDCAを行う理由にもなるのでリーダーは自社の**戦略意図**をしっかりと認識して、現場に具体的な指示を出さなければなりません。

会社の戦略は正しく読み解く

会社から「新規顧客の開拓を強化する」という方針が出されたとします。経営陣が考えているのは当然、既存顧客の数字に新規顧客の数字を上積みすることです。しかし、社員の活動時間は限られているため新規顧客に向けられた活動のぶん既存顧客にかける時間が減ってしまい、既存顧客との取り引きが減るという本末転倒な事態にもなりかねません。そのためリーダーは自社の戦略意図を理解し、「より重要な仕事に時間をかける一方、重要度の低い仕事を効率的に進める方法を考える、あるいは重要でない仕事はやめる」という「やりくり」が求められます。

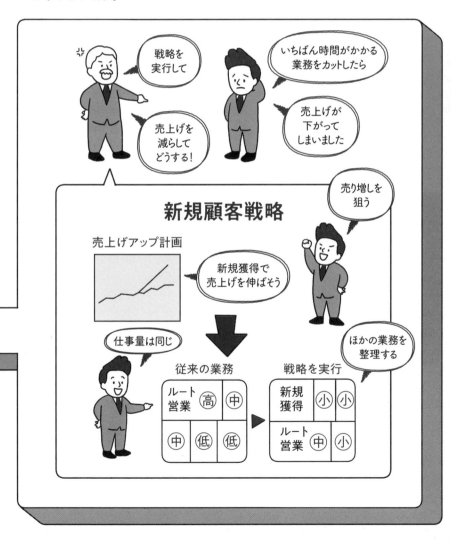

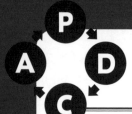

実行前に計画をチェックする

　方向性を決める「P（計画）」では、「何を」「いつまでに」「誰が」「どうやって」がもれなく明確になっていなければなりません。つまり、「やるべきことがすべて見えている」状態でなくてはいけないのです。

　そして計画を実行レベルに落とし込むときに最も重要なポイントは、とくに「何を」について、できる限り細分化していくことです。

　たとえば「給与・評価制度の見直し」という目標の場合、

まぁざっくりと前期くらい？

前期はどうやったっけ？

今期のプランは
完璧よ!

計画通りに
目標を達成!

悪い例では、

「何を」 →給与・評価制度の見直しを

「いつまでに」 →上半期中に

「誰が」 →リーダーである自分と担当者2名が

「どうやって」 →……?

　この場合、「何を」に目標を入れてしまうのがそもそもの
間違いですが、「何を」が大きな項目のままだと「どうやっ
て」を考えるのは難しくなってしまいます。少なくともスター
ト段階では、「何を」の部分に中間目標を入れて考えて
みるといいでしょう。

「何を」 →各部門責任者のヒアリングを

「いつまでに」 →1週間以内に

「誰が」 →担当メンバー○○が

「どうやって」 →ヒアリング項目を作成し、責任者へのア
ポを実施する。

　少なくとも、「計画」はこのレベルまで具体的に落とし
込んでおく必要があります。

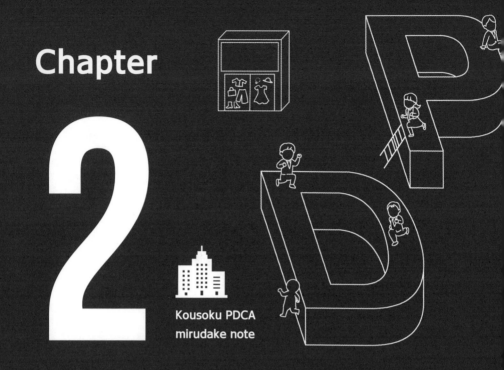

Chapter

2

Kousoku PDCA
mirudake note

PDCAは「計画」で
9割決まる

PDCA を回すにあたって大きな目標を掲げても、 実行のための計画があいまいだと、現場での実行は進みません。 計画は「どのように行うか」という細部まで決めないと、 PDCA はうまく回らないのです。

01 計画と目標の違いを理解しよう

高速PDCA

PDCAをうまく回すには、「何のために計画を立てるのか」を理解したうえで、Planをつくり込むことが大切です。

PDCAとは、「計画を立てて実行する。その結果を振り返り、改善すべき点があれば改善する」という当たり前の考え方です。しかし、「当たり前だから簡単にできるはず」といった安易な考えで取り組むと、うまくいかなくなってしまうことが多いのです。そうならないためには、最初に「Plan（計画）をしっかり練らなければならない」という認識を持つ必要があります。そもそも計画とは、何のために立てるのでしょうか？

計画は目標とは違うことを理解する

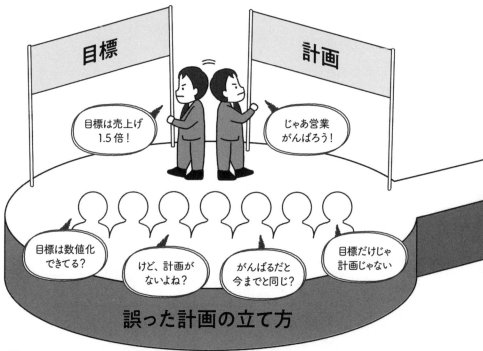

「計画」と「目標」は違うものです。しかし、ビジネスの世界ではこれらが混同されていることがあります。たとえば、「計画書」に、さまざまな売上目標が並んでいるにすぎないといったケースも少なくありません。だからこそ「何のために計画を立てるのか」を明らかにすることが大切。「目標」と「計画」の違いを登山にたとえると、「目標」は山に登ることであり、「計画」はその山頂に到達するための具体的な方策。つまり、「計画」の**最も重要な目的**として「目標達成」があるのです。

①目標を数値に
②ギャップを計測
→計画の準備段階

STEP1

③ギャップを
　埋める方法を
　考える
④実現する方法を
　考える
→実現策の立案

STEP2

⑤予定を
　立てる
→実行へ

STEP3

目標・方法・
予定があってこそ
計画

正しい計画の立て方

02 PDCA は計画が9割

高速PDCA

「P（計画）とD（実行）はできている」と思っていても、うまくいかない理由は「計画の立て方」にあるのかもしれません。

「PDCAを回して成果を出したいが、なかなかうまくいかない」「P（計画）とD（実行）はできているのだが、C（評価）とA（改善）ができていない」と考えている人は多いでしょう。しかし、このような問題の認識自体に誤りがあります。しっかりと計画を立て、その計画に則って実行する。実行してみて計画通りにいかないところがあれば、その理由を考え、当初の計画を修正して再度実行に移す――これが当たり前の手順です。

回るPDCAと回らないPDCA

では、なぜこの当たり前のことができないのでしょう。それは「実行してみて計画通りにいかないところがあったときに、その理由を考える」ということをしていないから。つまり「実行の道筋を示すような計画になっていなかった」ということで、「P（計画）とD（実行）はできている」という認識そのものが間違っているのです。「計画がある」とは、目標達成までの道筋を考え抜いたうえで、練り込んだという実感の持てるものがある、ということ。PDCAマネジメントは、P（計画）で目標を達成できるかどうかが9割決まります。それくらい**つくり込んだ計画**になっているかが、重要なのです。

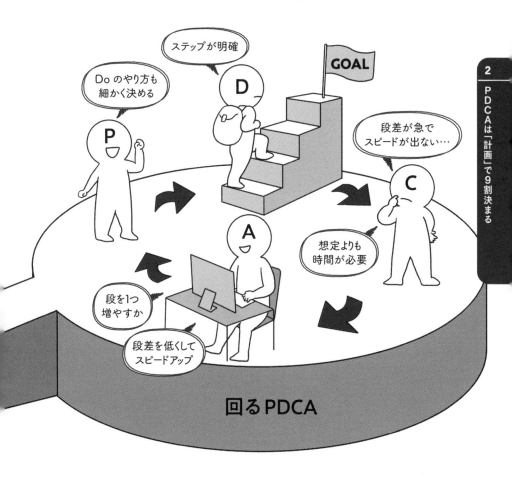

03

高速PDCA

「目標」と「見込み」の ギャップを明らかにする

現時点では見えていない「ギャップ」を明らかにすることで、「すべき目標」を達成することが可能になります。

計画を立てるうえで重要になるのが目標です。「すべき目標」を達成するためには、まず「固い見込み」を明らかにしなければなりません。「固い見込み」とは、「今まで通りにやっていれば達成できるであろう数値実績の予測」のことです。「すべき目標」が立てられ、「固い見込み」が明らかになれば、「すべき目標」－「固い見込み」＝「ギャップ」という式が成り立ちます。これが「**ギャップ**を明らかにする**方程式**」です。

すべき目標を導き出す方法

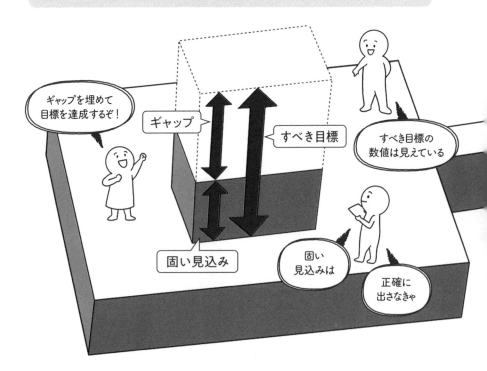

ギャップとは、「すべき目標」を達成するために、現時点では不透明な数値のこと。ギャップを埋める計画をつくり込むには、まず「固い見込み」をできるだけ具体的にすることが重要です。「固い見込み」はデータを積み上げてできるだけ精度の高い数値にする必要があります。具体的に「固い見込み」を算出するには、店舗を構えた販売系なら稼働日数、営業系なら既存顧客からの見込みをベースにすればいいでしょう。ギャップを明らかにすることで、次の「方策立案」の段階に移行できるのです

04 勝てるイメージに仕上げる

高速PDCA

計画には「勝てるイメージ」が必要です。「勝てるイメージ」とは「目標を達成できる」と確信できる計画を立てることです。

「計画」とは目標を達成するためのものです。立てる計画によって**勝てるイメージ**が湧いてこないと意味がありません。勝てるイメージとは、「決めた目標を達成できる」というイメージです。具体的には、計画をつくり込んでいる段階で注力すべき行動を決め、「その行動を基準に仕事のやり方を変えれば、目標を達成できる」と確信できる計画を立てることです。「勝てるイメージ」をつくるプロセスとは、次のようなものです。

計画では具体的な数値を挙げる

目標 / 計画

給与アップのために

目標を達成するためにどうすれば……

売上を昨年の倍に！

がんばって……

目的に近づけるようにするぞ

顧客を増やす⁉

具体性のない計画は達成の見込みが立たないため失敗しがち

営業部門のリーダーとして計画を詰めるときは、①ほぼ達成できる（固い）見込み数値はどれくらいなのかを決める。②目標数値と見込み数値のギャップを把握する。③ギャップを埋めるための方策を洗い出す。④方策ごとにどれくらいの数値が見込めそうなのかを予測する。⑤方策の数値合計が150％になるまで方策を追加する。⑥方策が実行できない可能性（阻害要因）を事前に洗い出す。⑦阻害要因を克服するための対応策を事前に練り込む。この流れに沿って突き詰めて考えていけば、「勝てる計画」を立てることができます。

05

高速PDCA

業績予想やできる目標を
ゴールにしない

「内部環境のジレンマ」に捉われ、「できる目標」を立てること
は組織にとって決してプラスにはなりません。

よくない目標の立て方として「できる目標」を設定してしまうケースがあります。できる目標を設定することは、「来期も今期と同じように仕事を進める＝仕事のやり方はこれまで通りで何も変えない」ということだからです。これは「業績予想＝目標」とするのと同じ。違うのは、業績予想は外部環境の影響があるため高い目標にできないのに対し、できる目標は目標の低さの原因が「**内部環境のジレンマ**」に捉われている点です。

最初から成功しないPDCAの計画

原料費の高騰

外部環境の影響

総売上げが上がらない

総売上げが上がらない

コストを抑えて粗利を増やそう

原料費が2割上がったら販売数が2割アップしてもまだ足りない

コストを抑えると増産は無理。だから生産数も抑えよう

業績予測に合わせた目標

できることがわかっている目標

なかなか売上げを伸ばせないという企業の場合、現場は「社員を増やさない」「販促費をかけない」といったきびしい制約の中で結果を出すことを求められます。これが「内部環境のジレンマ」で、こんな状況で来期の目標を立てようとすると「できる目標」を立ててしまいがちです。ヒト・モノ・カネといった「経営資源」は最小限に抑えられ、当然売上げは伸ばせないという負のスパイラルに陥ってしまうからです。こういったジレンマの中で立てられる「できる目標」は、結果として計画のつくり込みを必要としないものになってしまうのです。

内部環境のジレンマ

人的資源が
減少

申し訳
ありません

未達成

売上げが伸びる
わけがない

目標を高くすると
達成率が下がる
可能性が

低く設定して
おくほうが安全

人　員　削　除

管理者として
グループの未達成は
能力を疑われる

会議でも
責められるし

業　績　管　理

内 部 環 境 の ジ レ ン マ

06

高速PDCA

問題の正しい認識が
計画づくりの第一歩

事実を洗い出したら、「それをどう認識するか」を考えるプロセスを踏まえたうえで、方策を導き出すことが重要です。

計画を立てるうえで重要になるのは、事実をどう**認識**するかです。これは「どう理解するのか」「どう解釈するのか」といってもいいでしょう。たとえば、ほかの部門が何をやっているのかわからない「部門間の壁」という問題があったとします。ここで突き詰めて考えなくてはいけないのは、「それは本当に問題なのか」という点です。会社の業務に影響が出ているようなら、対応策を考えなければなりません。

問題解決のための第一歩

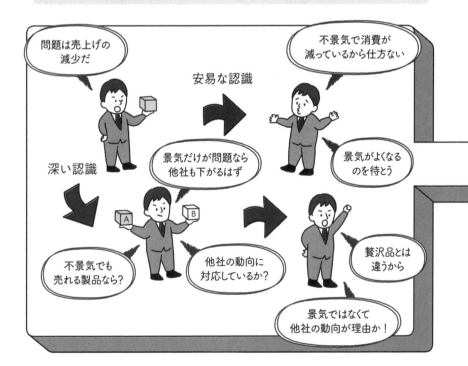

一方、影響がそれほど大きくないなら、個人レベルで努力するという対応で様子を見ることも可能でしょう。現状を正しく把握し、「そもそもそれは問題なのか」「どの程度の問題なのか」を整理したうえで、PDCA の施策を導き出すことが重要です。部門間の対立が、自分たちの立場を守るために他部門をおとしめようとするのが原因であれば、好ましい状況ではありません。このような場合は、なるべく早いタイミングで認識共有の場をつくる必要があります。このように「問題をどう認識するのか」をしっかりと検討することが、よい計画づくりには欠かせません。

問題のレベルを見極めて対応

07 成果主義がPを邪魔する

高速PDCA

成果主義は運用の仕方を間違えると、将来会社のために役立つ計画も立てられなくなります。

評価制度の運用方法を間違え、本来あるべき「計画」づくりを邪魔してしまっている場合が多々あります。その背景にあるのが「**成果主義**」です。本来、成果主義は、会社への貢献度の高い社員とそうではない社員が待遇面で大きな差がない、という弊害を解消するために導入された制度でした。しかし、高度経済成長を牽引してきた終身雇用や年功序列賃金が崩壊し、成果主義が導入されると、「評価されるようにしか動かない」という社員が増えてしまいました。

成果だけを求める弊害

成果主義の評価方法の1つに「自ら目標を掲げさせて、その達成度合いで評価する」というものがありますが、自分の評価を下げないために目標自体をなるべく低く設定するケースもあります。また、評価の対象期間は長くても1年間、短ければ半期や四半期になる場合が多く、成果が出るまでに長い期間を要するような目標は「今期中に成果が出ないなら自分にとって損（今期の評価が下がる）」と考え、会社の将来のためになることでも、計画しなくなるという問題があります。

08

高速PDCA

手段の目的化が
計画をダメにする

目的を達成するための手段である「目標」を目的化してしまうと、
計画は誤った方向に向かっていきます。

計画をつくるのは、もちろん目標を達成するためであり、目標とは目的に向かっていくためにクリアすべき指標です。そのため、目標には売上目標、利益目標といった数値で記されるものもあれば、給与・評価制度をつくる、業務マニュアルをつくる、教育体系を整備するなど、会社として整備していく定性的な場合もあります。これらすべての目標は、「目的を実現するためにクリアすべき手段」だということを忘れてはいけません。

目的・目標の意味を見失わない

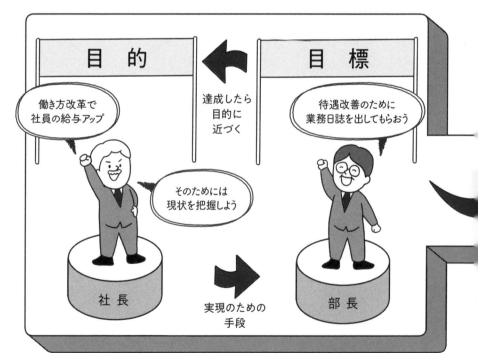

「計画」は「目標」を達成するため、「目標」はさらに上の「目的」を達成するためにあります。ところが、「何のために目標を設定するのか」という「目的」を見失ってしまい「目標（手段）」を目的化してしまうことがあります。身近なところでは、業務日誌などは**手段の目的化**を起こしやすい典型的な事例。業務日誌は上司が部下の日々の行動を確認するための手段ですが、「業務日誌を書くこと」が目的化してしまうと、「とりあえず書くだけ」に陥ってしまいます。何のための目的・目標なのかを見失うと、計画は間違った方向に進んでいきます。だからこそ、目的が共有されていることが必要不可欠なのです。

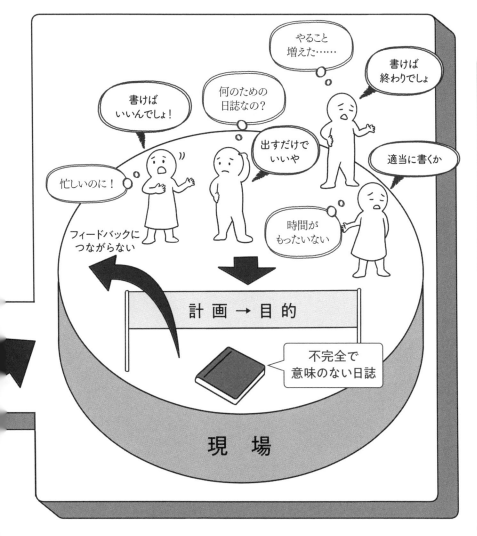

09

高速PDCA

PDCA の最大の敵
「やっても変わらない」

やってもやらなくても大きな差はない？　それほど違いがない
ように見えても、業績に悪影響を及ぼしていくのです。

PDCA の P（計画）は、「数値目標をいかに効率的に達成へと導くか」「いか
に課題を解決へ導くか」というテーマを持っており、成長を目指す企業にとっ
て必要不可欠な取り組みといえます。ある程度ビジネスモデルが完成している
会社であれば、組織として仕事がきちんと回っており、たとえ P への取り組み
がおろそかになったとしても、それなりに売上げは維持できるので、企業への
影響は限られます。P の必要性を社員が理解していないと、せっかく計画を立

変化のないPDCAに意味はない

ても**計画倒れ**に終わってしまいます。とくに給与・評価制度の見直しといった売上げに直結しない施策の場合、やってもやらなくても業績に大きな影響が出ないため、その傾向が顕著です。しかし、それでは当初のゴールであったはずの「よりよい会社にするため」という目的は果たされないままなので、一見、大きな差がないように見えても、やがては業績に悪影響を及ぼし始めます。そうならないためには、リーダー自身この事実をしっかりと認識したうえで、実行することにこだわる必要があります。社員が本気にならないと目的達成は不可能なので、目標を達成したければ、上に立つ人が率先して取り組む姿勢を見せることが大切なのです。

10
高速PDCA

顧客の真のニーズを
正確につかむ

「顧客満足」とは、お客さまの不満を解消することではなく、
潜在的な期待に的確に応えることです。

「お客さまの立場になって考える」というフレーズは、計画づくりでもよく登場します。しかし、PDCAを必要とする現場で、これが実際にできているところは少ないでしょう。たとえばB2B（Business to Business）と呼ばれる法人をターゲットにした営業活動において、新規取引先の担当者から「現在取引のあるA社より安くしてくれるなら取引しよう」などといわれると、「お客さまのニーズ＝安い価格」と短絡的な見方をしがちです。

顧客満足を正しく把握する

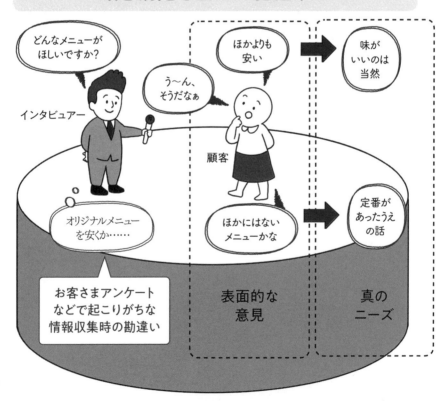

真のニーズとは、そういった表面的な声ではありません。「不満を解消する＝顧客満足」という理屈は一見正しそうですが、実際には即していない考え方です。お客さまは、当たり前のことができていないときにクレームをつけるのであって、できていたとしてもそれは満足ではなく、当然です。ファストフードの場合、「おいしい」「価格がリーズナブル」ということは当然ですが、客が潜在的に期待しているのは「手早く済ますことができる」という点であり「安ければいい」ということではありません。本質的なニーズをつかむのは、計画づくりにとって重要なことです。

顧客満足企業の利益

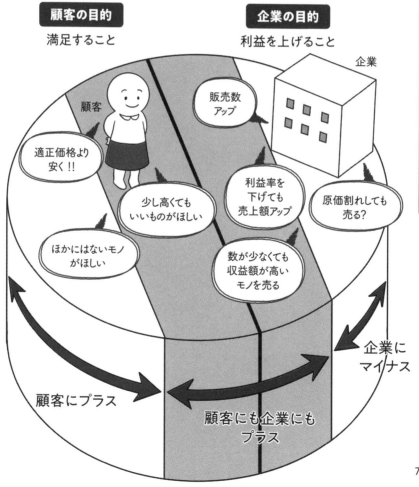

11

高速PDCA

計画づくりの原点は 「お客さまとの約束」

「顧客満足」につながる「お客さまとの約束」を定義することで、
具体的にどんな計画を立てればいいのかが見えてきます。

P（計画）段階で「目的」として考えるべきなのが「**お客さまとの約束**」です。
これは唯一、経営陣との議論だけでは明らかにならないテーマであり、現場のリー
ダーや従業員を巻き込んでいく必要があります。「お客さまとの約束」は、顧客
満足と深い関わりのあるテーマです。顧客満足は、多くの会社の企業理念やビ
ジョン、行動指針に盛り込まれていますが、実際には「具体的にどんな仕事を
すべきか」といった実務面まで計画に落とし込まれていないことが多いのです。

顧客満足のための落とし込み

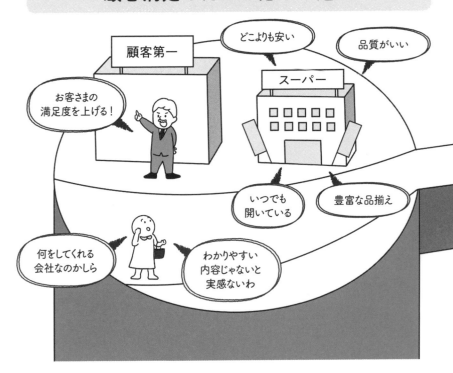

大切なのは「顧客満足を高めるために、具体的にどんな仕事をしているか」です。「お客さまとの約束」とは、「その約束を果たしていれば、会社の利益は上がる」というイメージにつながるものであり、それが定まれば、その約束を果たすためにやるべき仕事は明確になってきます。ここで勘違いしやすいのは、「満足」という状態の定義です。満足とは、お客さまの期待を超えるから「満足」の状態になるのであり、お客さまの「不満」に応対するのは「顧客満足」ではありません。PDCAを計画するうえで認識していなければならないのは、お客さまの「顕在化している不満」ではなく、「潜在的な期待」なのです。

その計画は顧客の 期待を上回れるか

高速PDCA

「顧客満足」とは、お客さまの事前の「期待」を超えることです。 その認識を間違えて PDCA を回すと顧客を失いかねません。

多くの企業では、「顧客のニーズを捉えてそれに応えていくこと」が顧客満足につながると考えています。しかし、これについては次のような疑問があります。①顧客のニーズとは何か　②顧客のニーズに応えることが本当に「顧客満足」につながるか　③顧客のニーズに応えることが、会社の利益にもつながるか　の３つです。多くの場合、顧客のニーズに対応しても顧客は「当然」と思うだけで、「満足」からはほど遠い状況だと考えられます。

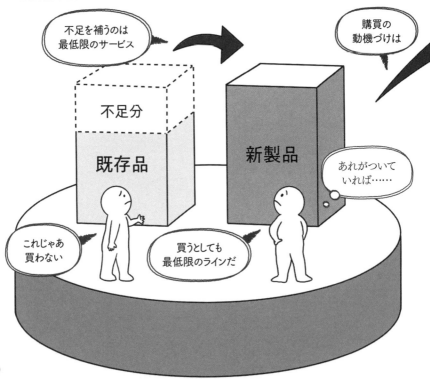

不足を補うのはサービスではない

実際、顧客ニーズといいながら、お客さまの不満・不安・不便といった「不」を解消しようという認識で留まっている企業が多いのが実情です。それが「顧客満足」につながっているという思い込みも問題。「不」の解消を目的にPDCA を回しても劇的な改善は望めません。では、何がお客さまにとっての満足につながるのかというと、それはお客さまの事前の「**期待**」を超えることであり、それを目的とすべきなのです。そう正しく認識できていれば、立てるべき計画が見えてきます。

13

高速PDCA

計画は「お客さまとの約束」から落とし込む

「これがお客さまとの約束だから」と徹底して実現に取り組めば、競合との明確な差別化要素に高めることができます。

1970年代からおよそ40年にわたって黒字経営を続けたアメリカの格安航空会社サウスウエスト航空は、「お客さまとの約束」として「低価格」「時間を守る」「楽しい空の旅」の3つを掲げていました。この「約束」を守るためにサウスウエスト航空は、さまざまな取り組み（業務）を推進し、高収益につなげました。これらの「お客さまとの約束」はほかの航空会社でも提示できるものであり、実行度合いが弱ければ、単なるお題目と思われてしまったでしょう。

徹底してこそ約束は意味がある

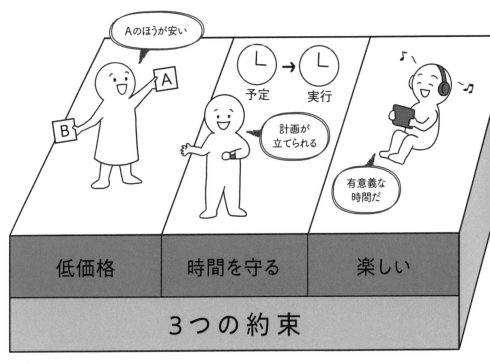

サウスウエスト航空は、「お客さまとの約束」を徹底して実行する計画を立て、お客さまの支持を得ました。つまり、単純なことであっても「これが約束だから」と徹底して実行し続ければ、競合との明確な**差別化**要素にまで高めることができるのです。そのためリーダーは計画づくりのときに「お客さまが望んでいる真の『期待』は何なのか」「競合企業に対して自社が磨き上げるべき強みは何なのか」といったテーマをメンバーにわかりやすく咀嚼して、議論することが大切です。そこで得られた確信を持つことで「お客さまとの約束」につながる業務を徹底的に強化し、つながらない業務を極力効率化する計画を立てられるようになるのです。

14

高速PDCA

あり得ないことも
準備しておく

想定外のことが起こるのは当たり前。いかにしてビジネスを継続させるかを事前に計画しておくことが重要です。

「計画」をつくり込んだ後は、実行あるのみです。PDCAがうまく回らないのは、そもそも計画がきちんとつくれていないことが原因ですから、計画さえつくれれば後は自然にPDCAサイクルが回っていきます。しかし、すべての事柄が想定の範囲内で起こるとは限りません。しばしば外部環境、経営陣や上司、他部門、顧客など、自分ではコントロールできないところから突発的にいろいろな影響を受けることがあるでしょう。近年も、リーマンショックや東日本大震災、

計画は予備も用意する

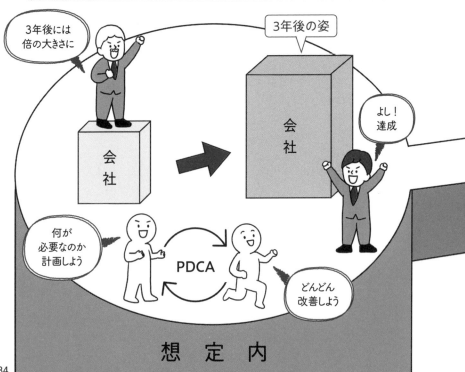

そして新型コロナウイルスによって、ビジネス界は大きな影響を受けています。想定外のことが思いもよらないタイミングで降りかかってくるのは、珍しいことではありません。むしろ「当たり前」だということを頭に入れておくべきです。人は想定外の事象が降りかかってくると、そのことに気を取られて、やらなければいけない大切なことを置き去りにしてしまう傾向があります。今では、たとえ大震災が起こったとしても、いかにしてビジネスを継続させるかを事前に計画しておく**BCP（事業継続計画）**を策定する企業も増えてきました。緊急事態が起こったときに備え、平常時からBCPを準備しておき、事業の継続や早期復旧を図ることが重要なのです。

思ったより
実行は
難しいモノ

　「D（実行）」は、計画を業務フローに落とし込み、担当者にそれぞれ仕事を割り当て、行動スケジュールを決めて、予定通りに目標を達成するまでやりきることです。

　「実行は普段やっていることだから、これができないことはない」と多くの人が考えています。ところが、「実行」は意外と難しいものです。

　たとえば、現在あまりうまくいっていない人と良好な人間関係を築くことを考えてみてください。このことは、「実行の難しさ」を想像してみるのに非常にわかりやすい例だ

とにかく
がんばれば！

やる気が
なくなっちゃった……

と思います。

　そもそも、相手はもともとうまくいっていない人ですから、こちらから積極的な行動を起こしてコミュニケーションを増やそうと思っても、つれない反応しか返ってこないということは、十分にあり得ることです。

　相手の反応が薄いのにもかかわらず、それでも心が折れることなく必要だと思った行動を取り続けることのできる人はそう多くないでしょう。

　経験上、こんな場合は多くの人が「うまくいかないのは自分だけのせいではない。相手にも原因があるのだ」と考え、行動をやめてしまう傾向があります。
　ビジネスにおいても同じで、これが「実行」の難しさです。

　だからこそ、グループのリーダーは「実行」の難しさを理解し、困難だからといって実行が滞ってしまうことのないように、周囲からサポートする環境をつくっておかなければなりません。

Chapter

3

Kousoku PDCA
mirudake note

即「実行」が変化と
スピードを生む

どんなに綿密な計画を立てても、現場で実行されなくては意味があり
ません。そこで大切なのは、従業員一人ひとりが計画に納得すること。
そうすれば、現場の従業員の実行にもスピードが生まれます。

01

高速PDCA

PDCAにおける「実行」が組織を変える

「こうすればもっと仕事がこなせるはず」と理屈ではわかっていても、やってみると難しいのが「実行」フェーズです。

PDCAの4つのフェーズの中で最も難易度が高いのが「実行」でしょう。PDCAマネジメントにおいては「実行」が組織に「変化」をもたらすのですが、「変化」を受け入れづらい組織の特性と、諦めやすいという人の習性が相まって、新たな取り組みによって「変化」を起こすのは簡単なことではありません。「こうすればもっと多くの仕事がこなせるはず」と理屈はわかっていても、実際にやってみると難しいのが**実行フェーズ**です。

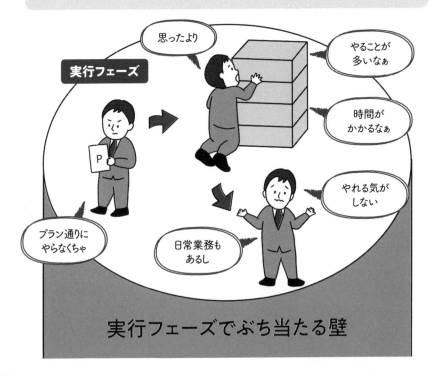

Doは変化をもたらす

思ったより

やることが多いなぁ

実行フェーズ

時間がかかるなぁ

やれる気がしない

プラン通りにやらなくちゃ

日常業務もあるし

P

実行フェーズでぶち当たる壁

「実行」は仕事量が多く、時間がかかり、経験したことがないことを多くやらなくてはなりません。そのため、最も気をつけなくてはいけないのは、「実行」することを目的だとはき違え、本来の意味を見失ってしまうことです。また、新たな取り組みを実行する際に注意したいのが、日常業務との折り合い。日常業務に新たな取り組みが追加される場合、日常業務を優先してしまうと、新たな取り組みは後回しになってしまいます。まず新たな取り組みを優先し、そのうえで日常業務をより効率的なやり方で対応するというように、優先順位を変えようという意識を持たなければなりません。

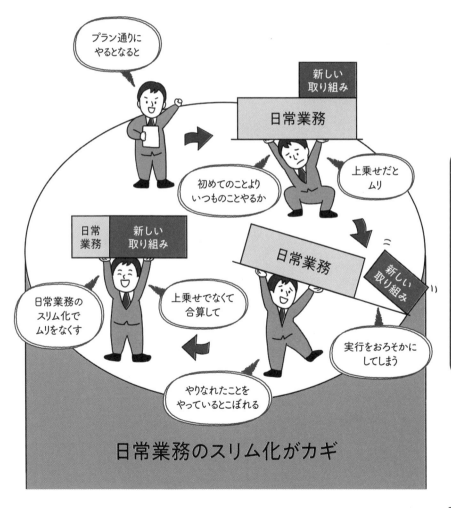

最も重要な行動を見極める

高速PDCA

限られた資源であるヒト・モノ・カネを効果的に活用するには、「最も重要な行動」を見極める必要があります。

「あなたが任されている仕事の中で最も重要な業務は？」と聞かれて、「どれもが重要だ」と答えるのは、ビジネスパーソンとしてはあまり褒められません。どれも重要だということは、「優先順位を明確にできていない」といえるからです。PDCAを素早く回すのも同じで、タスクの優先順位づけは欠かせません。その際に重要になるのが、「お客さまとの約束」を明らかにすること。数あるタスクの中でこれ以上に優先順位が高いものはないからです。

限りある資源を的確に割り振る

2003年の赤字転落から飛躍的に業績を回復させたマクドナルドは「お待たせしません」という「お客さまとの約束」を果たすために「スピード」にこだわりました。とはいえ、スピード以外の要素をおろそかにしたわけではありません。マクドナルドは「お待たせしない」ために**最も重要な行動**を見極めることで、「お客を待たせないための挑戦はするけれど、スピードを担保できない、現場を混乱させるような挑戦はしない」という見極めができるようになったのだと思われます。限られた資源（ヒト・モノ・カネ）を効果的に活用するうえで「最も重要な行動」を見極めることは不可欠なのです。

93

高速PDCA

「見える化」すると PDCAは高速化する

PDCA の高速化は、仕事の質やチーム力のアップにつながります。そのために必要なのが「PDCA サイクルの見える化」です。

PDCA を高速で回転させると、仕事の質やスピードを高めるのに加え、個人のモチベーションや組織力を強くする効果もあります。まず、PDCA を高速化するには、適切な KPI（重要業績評価指標）の設定が必要です。KPI は目標の達成に欠かせない中間目標であると同時に、現状の問題を明らかにするための指標でもあるからです。そして、適切な KPI を設定すると同時に必要なのが、進捗の共有などの**「PDCA サイクルの見える化」**です。なぜなら、KPI がブラッ

PDCAは周囲のサポートが必要

クボックス化している限り、改善の動機づけが行われないので、PDCAサイクルが円滑に回っているとはいえないからです。「見える化」によって日々のKPIの進捗や周囲のメンバーとの差が明確になると、部下は目標達成のためにより効率的に仕事を進めることができます。また、「見える化」することで一人ひとりの抱えている業務の進捗が組織内で共有されるため、評価基準を統一することも可能になります。1カ月間の成果、1週間の成果、今日1日の成果をどう捉えるかを考え、その成果が出ていることを共有することがPDCAの高速化には重要なのです。

04

高速PDCA

何から実行すべきか
優先順位を決める

緊急・重要マトリクスを作成して、抱えている仕事を仕分けし、どの業務を優先するかを決めていきます。

仕事の現場は、PDCA のサイクルに落とし込んで推進したい業務、突発的に降りかかってくる業務、日常的にこなさなければならない業務が常に混在しています。だから現場は「業務がたくさんあって忙しい」といった意識になり、新たな取り組みである D（実行）を後回しにして、結果改善が進まない状況になってしまうのです。そこで「今、何に注力すべきなのか」という意識をメンバーと共有する必要があります。

業務を緊急度と重要度で仕分けする

今抱えている業務を簡単に整理できるのが「**緊急・重要マトリクス**」です。縦軸は緊急度で上に行くほど緊急度が高くなっています。横軸は重要度を表しており、左へ行くほど重要度が高くなります。よってAは緊急かつ重要な業務、Bは重要度は低いが緊急な業務、Cは緊急度は低いが重要度の高い業務、Dは緊急度も重要度も低い業務となります。A～Dに自分の業務を仕分けし、まずCは将来に向けて重要な業務なので、Cを推進する時間を確保します。BやDは極力効率化。Aに関しては「なぜここに位置づけられる業務が多くなってしまうのか」という根本問題を把握し、解決策を検討することが必要です。

05

高速PDCA

実行を妨げる 人の3つの特性

プロジェクトマネジメントを進めるうえで、人間にはそれを妨げる 3 つの特性があります。

プロジェクトマネジメントとは、「商品開発やシステム開発を推進する際にスケジュールを守りながら完成まできちんと管理する」という考え方です。開発業務には多くの人間が関わっており、プロジェクトマネージャーはメンバーが行っているそれぞれの業務の進捗状況をコントロールしなければなりません。しかし、人間にはプロジェクトマネジメントにおいて、問題とされる次の**3つの特性**があります。

実行が進まない人のパターン

1番目は「学生症候群」。PDCAマネジメントは「やるべきことと期限」を決めて実行に向かいます。しかし、試験直前になって勉強を始める学生のように、人は期限の直前になって焦り始め、期限前日にはかなり追い込まれた状況になりがちです。2番目は「必要以上の時間設定」。上司から業務を依頼されたとき、重要で少し時間がかかりそうな仕事の場合、かなり余裕を持って期限を答える人もいます。そういう人は「1週間」と答えた仕事が3日で終わっても、完了の報告をしなかったりします。3番目は「掛け持ち」。2つ以上の業務を同時に進めることは不可能であり、非効率的です。リーダーは、これらの人間の特性を意識しておく必要があります。

高速PDCA

よい体感を共有しよう

新たな取り組みを進めるためには「よい体感の共有」が必要です。「悪い体感」を放っておくと、取り組みが滞ってしまいます。

取り組むことを決める→決めたことを実際にやる→やってみた取り組みはよい（悪い）を体感する→その体感を周囲と共有する→共有した内容を踏まえてやる。これが新たな取り組みを滞りなく進めるために必要不可欠なサイクルです。とくにポイントとなるのが、**体感の共有**です。新たな取り組みの場合、最初からうまくできることは少ないので、必然的に「悪い体感」が多くなります。これを放っておくと、取り組みそのものがうまくいかなくなります。

チームで実行を回すサイクル

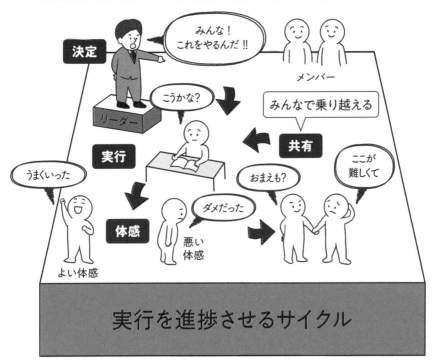

重要なのは、同じように悪い体感に直面しているメンバーがほかにもいることや、その一方でうまく進めているメンバーがいることを共有し、しかもいつでも話ができることを認識させることです。体感を共有し、会話を積み重ねることによってメンバーのビジネス脳を鍛えれば、こんなときはこうすればいいという実行力は確実に上がっていきます。リーダーはアドバイスを出す際、「なぜ自分がそういったアドバイスをしているのか」というアウトプットのベースにある過去のインプット（知識や経験）やそれらに基づく価値観を共有することが大切です。

実行のときのリーダーの役割

07

高速PDCA

リーダー自ら率先し模範になろう

会話が多く、PDCA が回りやすい環境をつくるのはリーダーの役割。挨拶や報連相も率先して行い、模範となるべきです。

意外と徹底できていないことが多いといわれる「報連相（報告・連絡・相談）」。しかし、徹底できる環境をつくるのは、リーダーの役割です。職場で会話が飛び交っていれば、報連相など普通に実行できます。上司にざっくばらんに話しかけるのは難しいかもしれませんが、大切なのはリーダー自ら挨拶や報連相を率先して行い、**模範**となることです。それが周囲に伝わっていくことで、会話が飛び交うような組織に変わっていくのです。声かけにおいて気をつけなくて

PDCAの進捗はリーダー次第

はいけないのは「明るさ」です。朝から暗い声で挨拶されたのでは、逆効果になりかねません。リーダーが「気分がよい」状態で職場にいるのと「機嫌が悪い」状態で職場にいるのとでは、もちろんよいほうがパフォーマンスが上がり、メンバーも相談や報告がしやすくなります。職場が活性化すると、メンバーの「実行」パフォーマンスにもよい影響を及ぼし、それにより結果も上昇。逆に、リーダーが「機嫌が悪い」状態だとメンバーも萎縮して、「実行」に悪影響を及ぼします。リーダーは、メンタルがパフォーマンスに影響するのはスポーツだけではなくビジネスでも同様であること、チームの雰囲気や自分の振る舞いがチームのパフォーマンスに影響を与えることを自覚しておくべきです。

コミュニケーションを円滑にしよう

08

高速PDCA

意味があいまいなまま言葉を使っていると、話が噛み合いません。円滑なコミュニケーションに必要なのは「共通の言葉」です。

同じ言葉でも定義があいまいなまま使っていると、会話がまったく噛み合わないことがあります。その代表的なものが「戦略」という言葉です。「戦略」という言葉は、誰もが話としては知っているものの、「わが社の戦略」という場合、それが商品戦略なのか経営戦略なのか、あるいは営業戦略や組織戦略なのかあいまいなままです。「戦略」という言葉が、いったいどんなことなのかという正しい意味まで理解しないと**共通の言葉**にはなりません。それが共有されないま

認識の共有を正しく行う

ま進むと、見当違いな「実行」を行って失敗する例もあるので注意が必要です。コミュニケーションを円滑にするには、まずあいまいな言葉を使っている現状に気づくことです。たとえば「マーケティングが弱い」という場合、「市場動向や競合企業の情報を入手しづらい」という意味のこともあれば、「情報が多すぎて分析できない」という意味で使われることもあります。ビジネスにおけるコミュニケーションでは、自分が意見を述べる際、どんな事実に基づいてその意見を述べたのかエビデンスが重要になります。また、同じ事実を見たとしても、人によってその解釈は異なります。言葉にこだわるというのは、事実にこだわりながら、論点をどこに置くかを明確にすることです。

高速PDCA

09 生産性を最大化するために人材と時間を配合する

人的資源には限りがあります。リーダーは限られたメンバーを効率的に動かし、生産性を最大化することが求められます。

チームでD（実行）を行う際にリーダーがやらなくてはいけないのは「資源の配分」。どんな企業でも使える「ヒト・モノ・カネ」は限られており、それを適切に配置しなければいけません。「限られたメンバーを効率的・効果的に動かすことでチームの生産性を最大化する」ためにリーダーはマネジメントしますが、追加された新たな業務（実行）を部下が遂行できるように、部下をレベルアップさせることが不可欠になります。

限られた人的資源をうまく使う

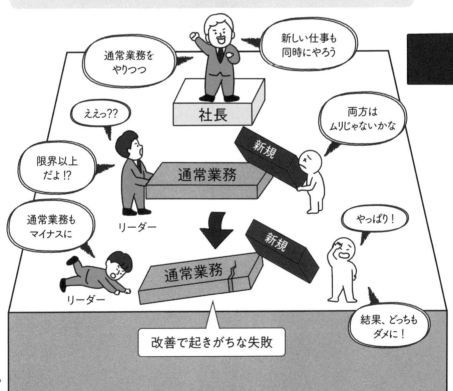

部下育成で最も大切なことは「仕事を任せる」ことです。メンバーも限られているので、任せる仕事について「どんな業務に、どれくらいの時間をかけて、どんな成果を上げてほしいのか、そのためにはどんな工夫が必要か」を伝えるため、部下とコミュニケーションを取らなければなりません。そのコミュニケーションを通じて、より重要な業務に時間を配分し、効率を追求する業務には時間をかけすぎないようにアドバイスします。この繰り返しでチーム全体の時間配分をコントロールしていきます。リーダー自身が目先の業務だけにとらわれず、「人的資源は限られている」ことを常に意識することが重要です。

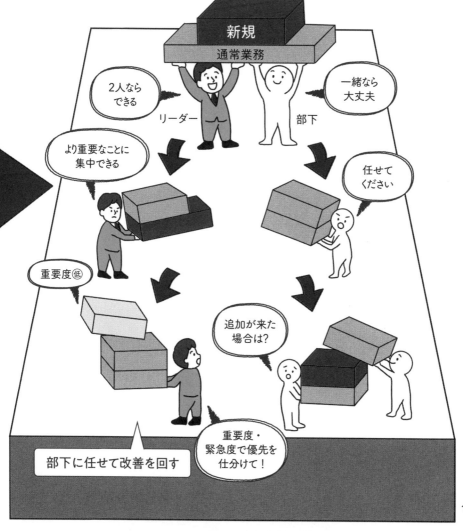

高速PDCA

チームでフローをつくれば効率が大幅アップ

心の状態がよくなければ、実行の際にスキルも生かせません。
リーダーはスキルと心の状態の両方に配慮が求められます。

チームのパフォーマンスを最大化するには、2つの要素が必要とされます。1つは「スキル」です。PDCAを実行するうえで必要なスキルを持っていなければ、成果にはつながりません。そしてもう1つが「心」です。やる気、モチベーションともいい換えられますが、心がよい状態をキープできなければ、優れた計画を立てても実行できないでしょう。つまり、**心の状態**の良し悪しは、成果に大きな影響を及ぼすのです。

精神面もPDCAに影響

リーダーは自分自身、そしてメンバーの心の状態にも気を配っておくことが大切です。心がよい状態にあることを「フロー」、よくない状態にあることを「ノンフロー」といいますが、フローというのは「揺らがず、とらわれず、気分のよい状態」のことです。逆に心が乱されている状態がノンフローで、この状態では人は本来のパフォーマンスが発揮できません。「そうしているだけで気分がよい」ことを実践していると自然とフロー状態を保つことができるので、リーダーはメンバーが心地よくD（実行）を行うことができるように、メンバーのスキルだけでなく、心の状態にも配慮することが求められます。

チームの効率を高める
リーダーの心得

高速PDCA

変化を効率的に進めるには、組織のリーダーが1対1の対話
や5名以下で行う「討議」の場をつくることが重要です。

静まりかえったオフィスで従業員が黙々とパソコンに向かっている職場があっ
たとします。こういう会社は「決められた作業をこなしていれば利益を出せる」
ビジネスモデルを持っていると考えられるので、大きな変化を求めていないの
かもしれません。しかし、変化に強い組織の仕事環境は、騒がしいことが多い
のです。なぜなら、新しいことに挑戦している職場はうまくいかないことのほ
うが圧倒的に多いので、対話や議論が多くなるからです。

意見がいえる雰囲気をつくる

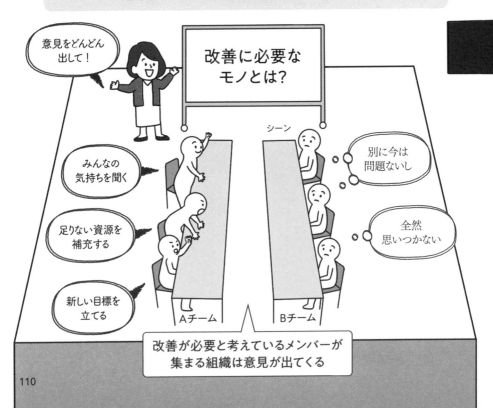

110

実行や変化の際には**議論**が不可欠です。とはいえ、参加人数の多い会議の場では、なかなか本質的な議論ができません。有効なのは組織のリーダーが率先して１対１の対話や５名以下で行う「討議」の場をつくることです。ポイントは、堅苦しさを排除し、嘘偽りのない業務の実態とそれに対する意見を忌憚なく語り合えるようにすること。「実行」を個人にゆだねると、うまくいっていない状態が共有されず、現状認識が遅れたりして、チームの効率が落ちてしまいます。ざっくばらんな話ができる場をつくって効率をアップさせるのもリーダーの役割の１つです。

12

高速PDCA

実行力のある組織を
つくる「5S」

PDCA を回して業績を上げている会社は、5S を徹底するプロセスを通じて、素晴らしい会社に成長しているのです。

5S とは、「整理」「整頓」「清掃」「清潔」「躾」の頭文字を取ったものです。組織は「5S」を徹底するプロセスを通じて確実に強くなっていきます。PDCA を回す中で、「何をするか」という「計画」がいかに素晴らしいものであっても、実際に推進していく組織の「実行の質」が低ければ、大きな成果につなげることはできません。問題意識を共有して、「実行の質」の高い組織になるために「5S」は有効な活動だといえます。

組織の力を高める 5S

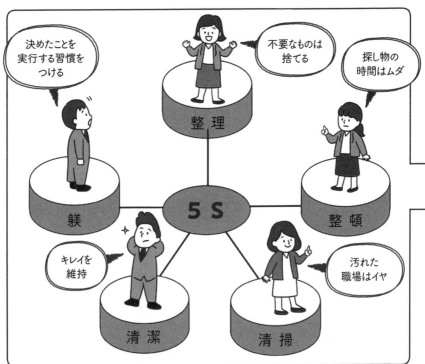

業績が良好な会社は、たいてい5Sが徹底されています。「素晴らしい企業だから何もかも行き届いている」と思うかもしれませんが、それは逆です。「5Sを徹底するプロセスを通じて素晴らしい会社に成長している」というのが正しい見方で、5Sを徹底することによって「判断基準」の明確化と密な「コミュニケーション」の維持ができるのです。たとえば「整理」とは不要なものを捨てることですが、「何が不要か」という判断基準が共有されていないといけません。組織で5Sを徹底することで、D（実行）を行う際の判断基準が明確になり、スムーズにPDCAを回すことができるようになるのです。

評価を
ブラックボックス化
しない

　「PDCA を実施しているのにうまくいかない」という原因として「評価を上司が行う」ことが挙げられます。これは、上司が評価を行う際に「明確な基準」が設けられていないことが多いために起こる失敗。上司も人間なので一貫性がなかったり、ときには気分で評価が変わったりしてしまうからです。

　そういった人為的ミスを防ぐために使われるのが KPI（重要業績評価指標）という指標。本書の 94 ページでも紹介していますが、基準が数値で見えることで、主観的

数値ならあとどれくらいか

はっきりわかるね

数値

数値

な評価によるミスを防げます。

　しかし、KPIを用いても「評価」が原因で起きる失敗があります。それは、評価の結果を「上司など評価する人間と本人だけで共有する」ことで起こります。

　たとえば、あるメンバーのKPIの達成度が低いからといって周囲に知られないようにするとブラックボックス化することになり、ほかのメンバーからはどんなD（実行）を行っているか見えなくなります。
　すると、「KPIは達成できなくても大丈夫」と考えるようになり、それを防ぐために達成目標を下げていくと徐々にKPIも低下し続けて、やがて当初の計画とかけはなれた結果になってしまいます。こうやって計画倒れ、という事態に陥るのです。

　メンバーもKPIが「見える化」されていれば「達成できなくてもいい」とはいかず、「どうすれば達成できるか」ということを真剣に考え始めます。とくに本書でおすすめしている「行動KPI」は、達成のための行動を測る指数のため、サボっていると一目瞭然。そのため行動せざるを得なくなるので、行動KPIが上がり、結果として成果が上がるのです。

Chapter

4

Kousoku PDCA
mirudake note

結果はすぐに
数字で「評価」する

PDCA を回すうえで最も重要なのが、実行を正しく「評価」すること。主観や思い込みを排除し、実行の進捗や効果を見極めることで「次に何を行うべきか」という改善案を見つけられます。

01

高速PDCA

PDCAを回すための
評価指標KPI

KPIは「実行」の度合いを定量的に示す指標です。売上げ・利益に直結するKPIを設定することが重要です。

PDCAにおけるC（評価）のフェーズの成否を左右するのが「どんな**KPI**を設定するか」です。KPIは企業の業績（売上げや利益）に影響を与える指標であり、これを管理することで適切な手を打っていくことが大切だといわれています。ところが、実際にはKPIの設定や管理がうまくいっていないという実態があります。

KPIが必要な理由

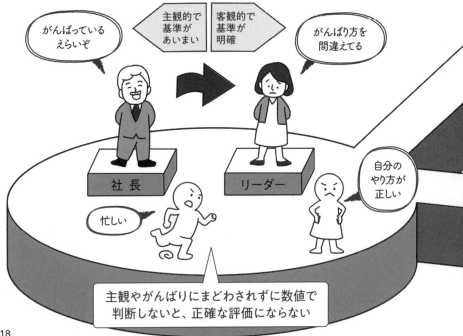

販売員が商品やサービスを案内することで購買意欲を喚起するアパレルや電化製品、携帯電話などのビジネスにおいて「顧客満足度」をKPIに設定した場合、「顧客満足度が高い店舗ほど儲かっている」と考えられがちですが、「ほとんど相関関係がない」という結果が出ることがあります。これは顧客満足度を算出する「設計」が間違っているため。こういったケースでは「お客さまに喜ばれる対応は何か」という側面にばかり目を奪われて「自社の売上げ・利益を上げる」という視点がおろそかになっていたりします。正しい「評価」をするためには、売上げ・利益に結びつくKPIを設定する必要があるのです。

2つのKPI

従来から用いられてきた評価基準。経過や行動は評価されない

結果がすべてだ！

売上げ

売上げの数が大事！

結果KPI

プロモーションも

調査も

営業件数も増やした

結果に到達するための行動を評価する指数とその結果を評価する

売上げ

売上げのために何をしたかよ

行動KPI

02

高速PDCA

何が問題なのかを正しくつかむ

C（評価）を着実に実践するには、事実を正しく認識し、その事実をどう理解すべきか、意識する必要があります。

短期間で事業を改善するには、現状をC（評価）することが必要不可欠です。よかった点や悪かった点を洗い出し、悪かった点があったり、計画通りにいかなかった場合はその原因を分析し、評価をします。しかし、どうしても人は「目立って気になること」「目の前に見えていること」に気を取られ、振り返るべきポイントを見誤ってしまい、その背後にある事実を検証しないまま自分の意見を形成してしまいがちです。

目の前のことだけで判断しない

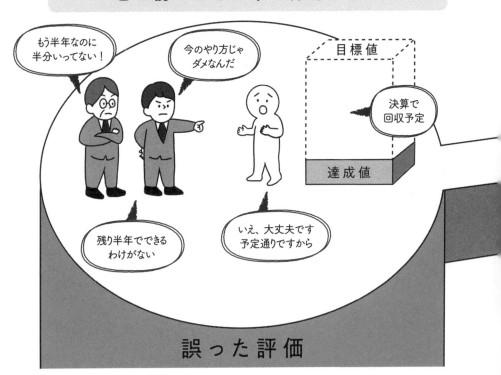

しかも、その「事実を検証しないままの意見」の人が複数人集まると、絶対的なものであるような空気になってしまいます。長年仕事をしている人がいる現場であれば、そういった傾向はさらに助長されます。そのため「事実を正しく認識する」ステップを飛ばして「自分が理解していることが絶対に正しい」という考えに陥ってしまうのです。これでは正確な「C（評価）」になりません。評価を適切にするには、客観的に「**事実を正しく認識する**」こと、そしてその事実を「どう理解すべきなのか」を考え抜くステップを欠かさないようにすることを忘れないようにしましょう。

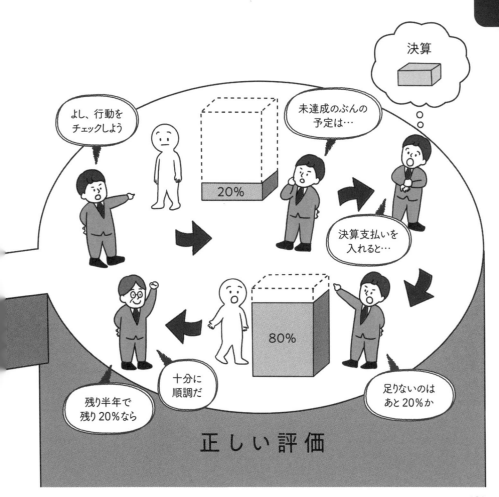

03

高速PDCA

早い評価が早い改善につながる

よくない結果も「これが現在のありのままの現状」と評価し、できるかぎり早く修正することが成果につながります。

C（評価）を行うのは、改善につながる正しい方策を導き出すためであり、その流れにスピード感があればあるほど成果に結びつきます。たとえば月々の売上目標が1000万円、12カ月で1億2000万円のチームを率いるリーダーがいて、新しい期の最初の月の売上実績が900万円だったとします。多くの人は「達成率90％であと11カ月残っているから、月目標＋1％（月々10万円）上積みしていけば売上目標は達成できる」と考えるでしょう。

最初の計画は早めに見直す

- ちょっと予定よりペース遅いか
- チェックはその都度やろう！
- リプランしよう
- まだ1年あるから平気
- 最終的に予定通りGOALすればいいんでしょ

START

早めにチェックすると早く改善ができる

しかし、翌月も達成率は 90% で終わったとします。前月と同じように考えれば「まだ 10 カ月あるから、月目標＋ 2%（月々 20 万円）上積みすれば大丈夫」となるでしょう。同じ調子のまま半期過ぎると、半期の達成率は 90%（マイナス 600 万円）で、残り 6 カ月で月目標＋ 10%（月々 100 万円）上積みしないと目標は達成できません。この場合、そもそも最初の月の達成率 90% をもっときびしく受け止め、早い段階で対応策を検討しなければならないのです。結果を「これが現在のありのままの現状」ときびしく評価し、その**評価のタイミング**が早ければ早いほど、結果に反映されることになります。

04

高速 PDCA

現場に行き、現場を観察し、現場を知る

「現場で何が起きているのか」を正しく把握しなければならないときには、長期にわたる観察が必要です。

目標とする「行動 KPI」を達成できていないとき、リーダーは「現場で何が起きているのか」を正しく把握する必要があります。現場を知らずして「評価」などできないからです。とはいえ、どんな企業でも役職が上がっていくにつれ、現場から遠くなっていきます。その場合、現場から離れている上司は直接メンバーに達成できない理由を確認することになりますが、現場のメンバーの声として上がってくるのは、「時間がなかった」などの表面的な事象ばかりでしょう。

現場で何が起きているのか

しかし、「時間がなかった」のも事実だとしても、管理職は「現場から遠い」ことを自ら認識したうえで、その事象の背後に隠れている真の要因をつかむ必要があります。実際に現場を把握しようとするなら、店舗や営業所を視察するという方法もありますが、「行動KPI」が上がらない要因を把握するという目的の場合、短時間の視察ではあまり意味がありません。「**行動KPI**」の改善には、丸1日の観察を複数日行うことが必要だからです。個人が改革の意識を持って取り組んでも結果が出ないという場合、管理者は現場の従業員では気づけないようなポイントに目を向けて、問題を洗い出さなければなりません。

高速PDCA

チェックの負担を減らす PDCAの習慣化

すぐに結果が出なくても挫折しないでPDCAを回すには、チェックの際の負担を減らし、習慣化することが大切です。

PDCAを回すうえで挫折しないためには、「習慣化」が必要です。基本的に人はビジネスにおいて挫折します。挫折しない人のほうが珍しいといっていいでしょう。「見える化」がきちんと整っていない組織でPDCAを回そうとして、うまくいかなくなるのは当たり前。その理由は「結果が出ないから」です。かつてパナソニックの創業者・松下幸之助氏は「諦めなければ必ず成功する」といいましたが、これは「人はだいたい諦める」という意味だと思われます。

1回で諦めず習慣化して続ける

PDCAを回してすぐに結果が出ないと諦めてしまうことも

松下幸之助氏は、「自分以外、人はみな諦める」と思っていたのではないでしょうか。それと同じで、PDCAもかけた労力やコストと同じだけの成果はなかなか出ないので、多くの人は挫折してしまいがち。とくに1年以内の短期の成果はまず現れないと思ったほうがいいでしょう。数字がついてくるのは早くても1年過ぎてから。それをわかっていないとモチベーションが落ちてしまうので、きちんと理解していることが大切です。そのためにもPDCAを**習慣化**することが必要です。たとえば、KPIに定めた業務ごとの時間入力などをスマホなどを使って労力や負担を減らして、続けやすくする方法を取るといいでしょう。

06 目標の数値化が 評価をスムーズにする

高速PDCA

従業員のモチベーション低下を招かないためにも、成果へとつながる正しい KPI の数値設定が必要です。

多くの企業で見られるのは、「正しい **KPI の数値設定**ができていない」「何のためにその KPI を追いかけているのかわからない」というケースです。たとえば「新規顧客の訪問件数を 1 日 5 件」といった目標を KPI として管理している場合、成熟市場や衰退市場では訪問数と成果が必ずしも比例するわけではありません。なぜなら自社にとっては新規でも、競合他社の顧客である可能性が高く、単に訪問だけを繰り返しても競合他社から顧客を奪い取るのは困難だからです。

行動 KPI も見直しを繰り返す

KPI も実情に合わせて更新しないと的はずれに

結果KPI

何十年前の KPI？

とにかく訪問数だ

ウチは営業だから顧客を増やせばいいんだ

古いな…

リーダー

顧客の売り伸ばしをしたほうが…

顧客ケアができなくなる

正しくない KPI の場合

このように成果へのつながりが見えない KPI は、ほとんど意味がありません。それどころか、かえって成果が出ないことが従業員のモチベーション低下を招き、逆効果になってしまいます。KPI を設定すれば、その数字を追いかけて管理する必要が生まれます。数字としてアウトプットしなければならないということは、現場の従業員によるインプットが必要になり、従業員の負担となります。だからこそ、成果につながるロジックを考え抜いた KPI が必要なのです。ロジックが明確な KPI であれば、成果が出ない場合の原因究明（評価）もスピーディに行うことが可能になります。

07

高速PDCA

「振り返り」に欠かせない KPI マネジメント

KPI は、振り返りのためのツールです。目標に合った KPI を設定することで、PDCA サイクルを回すことができます。

PDCA とセットになって語られることが多い KPI（重要業績評価指標）は、目標に到達するために実行すべきプロセスを評価するための基準となる指標です。適切な KPI が設定されていれば、それまでの PDCA のプロセスを振り返り、納期の遅れや不良品の発生といった課題を抽出することで、改善策をすぐに打つことができます。このように KPI の経過や成果を**振り返り**、その結果を次のステップで生かすことを **KPI マネジメント** といいます。

KPI を的確に設定する

売上げが落ちているなぁ

SHOP

お客さんが減ってる？

客単価が減ってる？

客数

単価

離脱の理由を防ぐための行動KPI

主力商品のほか、単価が上がったものを仕入れるか

もう来ない！

行動KPI

安いものたくさん

正しくない KPI の場合

小売・サービス業であれば、売上げは「客数×客単価」で表わされます。売上げが減少している場合、客数が減少しているのか、客単価が減少しているのか、その両方が減少しているのかが、最初に確認すべき指標となります。客数が減少しているなら、どんな属性の客が減少しているのかを把握することで減少の原因を明らかにする道筋が見えてきます。その客数データを日単位で取得できれば、客数推移を確認することで減少要因を絞り込み、改善策を立てることができます。つまり、目標に合った KPI を設定することで、A（改善）→ P（計画）→ D（実行）とスピーディに PDCA サイクルを回すことが可能になるのです。

08
高速PDCA

チェック＆フォローが
継続のコツ

改善を継続するコツは、課題を発見した瞬間に克服策を考えて
実践する「チェック＆フォロー」です。

多くの企業は「結果KPI」を設定してPDCAを回し、1カ月程度の期間の結果が出たところで「C（評価）」を実施するという流れをつくっています。しかし「結果KPI」では目標が達成できていない原因が多岐にわたるため、問題を絞り込むのが困難になり、なかなか前に進まないということが起こりがちです。何らかの問題が発生しているのなら、日々の活動の中で継続的に起こっていると考えられます。

チェック＆フォローは素早く行う

実行期間が長いと
未処理の問題が多くなって
改善がすぐに
できない
結果KPI

行動ごとに結果をチェック
結果＝問題ならすぐ対応できる
行動ごとに解決するので対応策もすぐできる
行動KPI

成果に直結する「行動」を示す「行動KPI」のスコアは、日々、行動を取るたびに確認することができるものです。件数のように数を増やすべき指標、スピードのように仕事の速さを求められる指標というように、行動KPIの指標はどれでもスコアをつける習慣が身についていれば、その都度確認できるものだといえます。課題を発見した瞬間に克服策を考えて実践するという**チェック&フォロー**が、改善を継続するコツなのです。

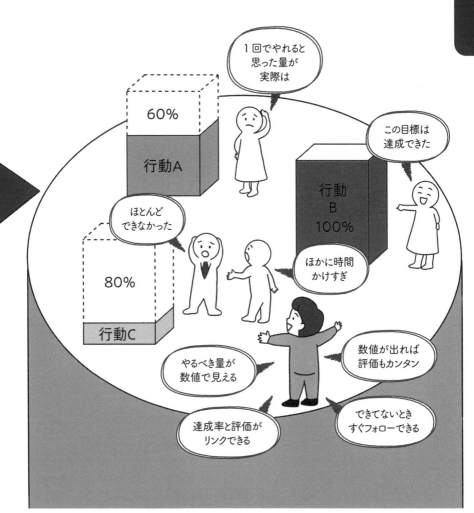

09

高速PDCA

行動パターンは
量から質へ

「行動 KPI の目的化」に注意しながら、「量」を増やすだけでなく、「質」もアップさせることが大切です。

「**行動 KPI** の数値を上げることができれば最終的に売上げや利益が上がると考えているにもかかわらず、行動 KPI の数値を上げられない」というのは、どんな企業にも起こり得ることです。その原因はあくまで「お客さまとの約束」を果たすことで自社の売上げを上げることが本来の目的なのに、行動 KPI に落とし込み、実際にその数値を上げるために行動する段階で、その行動自体が目的化してしまうためです。

行動KPIの質を上げる

たとえば、訪問件数や面談時間のような行動KPIは、「訪問件数や面談時間を増やす」ことが目的化してしまいます。このような場合、2つの問題点を指摘することができます。1つは行動KPIの数値（量）自体が上がらないことであり、もう1つは行動KPIの量は確保できているはずなのに、売上げにつながらないことです。こうしたケースで想定される課題は、訪問や面談の際の「質」が低下しているということです。「量」と「質」は表裏一体。「質」が伴わなければ「量」にも大きな影響を与えます。「行動KPIを上げること」が目的ではありません。「量」と「質」両方をアップさせることが大切なのです。

質を上げるトヨタの「なぜ5回」

10

高速PDCA

振り返るべきポイントを間違えない

掲げた目標をどれだけ達成できたかを検討する「目標の振り返り」ですが、振り返るポイントを間違えてはいけません。

「目標の振り返り」とは、設定した一定の期間内に、掲げた目標をどれだけ達成できたかを検討することです。もし、達成できなかった場合には「どうして達成できなかったのか」という「失敗の原因」より、目標と現状とのギャップを振り返って「どうすればうまくいくのか」といった「勝つための方策」を見いだす必要があります。つまり、「行動KPI」というモノサシを基準にして「今、すべきこと」を明確にしていくのです。

失敗した原因より今すべきこと

たとえ目標が達成できなかったとしても、「うまくいかなかったショック」をいつまでも引きずらないことが重要です。「失敗」に引きずられて思考停止状態に陥っても、事態は改善されません。設定した目標を達成できなかったり、計画通りに進まなかったりした場合、大切なのは「振り返り」によって自分やチームの推進している業務を冷静に見つめ直し、その原因を洗い出すこと。そして原因を洗い出したら、反省するとともに「どうやって売上げや利益を上げるか」という修正作業を実施します。目標を達成するためには「振り返り」が必要ですが、振り返るべきポイントを間違えないことが重要なのです。

11 行動が低下する理由を押さえる

高速PDCA

行動KPIが低下している場合、「なぜ自ら決めた行動ができないのか」という点に絞って振り返ってみましょう。

「行動KPI」はコントロール可能ですが、だからといって思うようにすぐに数値を上げられるわけではありません。時間的なスピードを求められるような行動KPIなら、個人のスキルや組織的な仕事の段取りによって差が出ますし、訪問件数や面談時間などの「量」を増やす行動KPIであっても、スキルの差が**数値**の差となって現れます。そのため、「それならコントロール不可能な結果KPIと変わらないのではないか」と思う人がいるかもしれません。

行動KPIをコントロールする

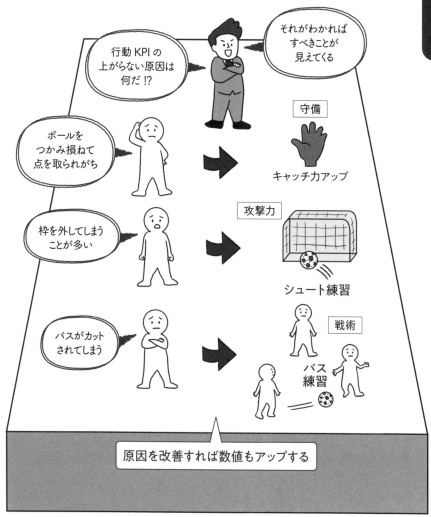

行動 KPI は自社の業績に直結する重要な行動ですが、結果 KPI との決定的な違いは行動 KPI の数値が低下する場合、その行動を振り返ることで原因を明確にできるところです。結果 KPI が上がらない場合は、要因が数多く存在します。その場合、どの要因が最も重要なのかは業務や役職によって異なるので、「これが最も重要だ」という課題の絞り込みが難しくなります。しかし、行動 KPI を上げることが業績向上につながるとわかっているのにできていない場合は、「なぜ自ら決めた行動ができないのか」という点に絞って振り返れば、すぐに原因を明らかにすることができます。

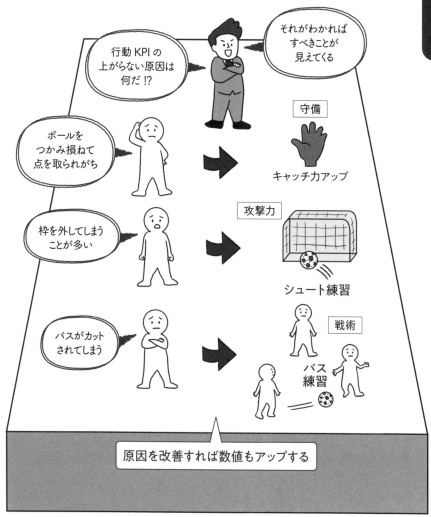

それがわかれば
すべきことが
見えてくる

行動 KPI の
上がらない原因は
何だ !?

守備

ボールを
つかみ損ねて
点を取られがち

キャッチ力アップ

攻撃力

枠を外してしまう
ことが多い

シュート練習

戦術

パスがカット
されてしまう

パス
練習

原因を改善すれば数値もアップする

結果はすぐに数字で「評価」する

139

12 自社のビジネスで何が必要かを常に問う

高速PDCA

KPIのロジックが明快であれば、ビジネスで何が必要かを把握し、売上げアップに有効な方策を打ち出せます。

ロジックが明確なKPIであれば、成果が出ない場合のC（評価）をスピーディに行えます。そのために、売上げを成果として考えた場合、まず売上げを上げるロジックを考えます。客数を増やさなければならないのなら「客数」がKPIになります。ファストフード業態であれば、「1日あたりの来店客数を最大化する」といったKPIも有効です。アパレルのような顧客への説明を要する商品が多い業態では、「販売員1人あたりの接客件数」がKPIとして考えられます。

行動KPIを導く方法

このように KPI のロジックが明快であれば、接客件数が多い・少ない、売上げが高い・低い、といった属性に分けられるはずなので、売上げを上げるために有効な方策が出せるはずです。もちろん、世の中にはさまざまなビジネスが存在しているので、そのすべてを網羅することは不可能です。しかし、「どんなお客さまに対して何を評価してもらうことが必要なのか」「お客さまを最大限増やしていくには、自社が意識すべきオペレーションはどの部分なのか」といったことを明らかにするために「自社のビジネスで何が必要か、どこが押さえどころなのか」をしっかりと把握しておく視点こそがC（評価）を行ううえで最も大切なのです。

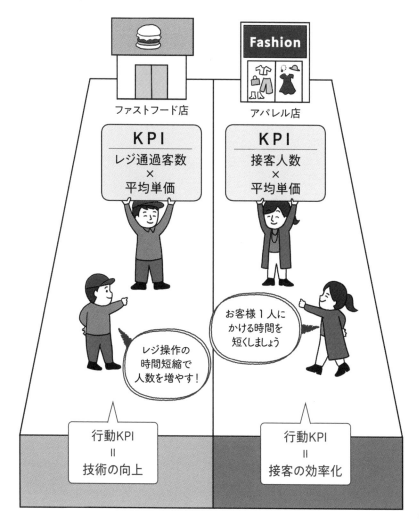

13 問題点を組織全体で共有する

高速PDCA

Cのフェーズでは最優先の課題を個人任せにしてはいけません。
組織全体で問題点を共有し、役割分担を見直すことも大切です。

C（評価）のフェーズで気をつけたいのは、「課題は明確だから後は一人ひとり
が意識して取り組んでいこう」といった「個人の努力」にゆだねてはいけない
ということ。「行動KPI」というモノサシを決定した時点で、組織全体の動きに
変化をもたらす可能性が出てきたにもかかわらず、「後は個人で」ということに
してしまうと、行動KPIを確認するだけになり、具体的には何も変わらないと
いうことになってしまいます。

行動KPIの全社での共有

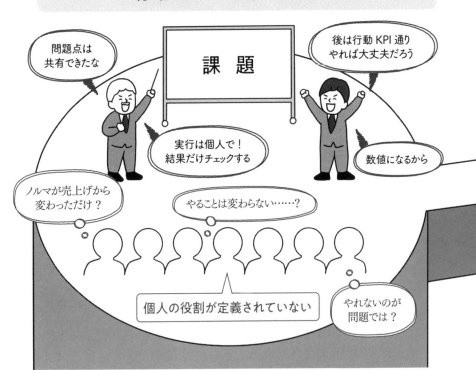

組織では行動 KPI として「この活動が最も重要だ」とはわかっていても、ビジネスを円滑に進めるためにやらなければならない業務が存在し、それをこなすために行動 KPI の達成が困難なときもあります。このような状況を個人の努力で打破するのは簡単ではありません。もし個人任せにしたら、「時間がないから、がんばってはみたができなかった」という答えが返ってくるでしょう。今まで通りのやり方をしていれば、時間がなくなるのは当然です。そうならないためには組織全体で**問題点を共有**し、場合によってはそれまでの組織における役割分担を見直す必要があるのです。

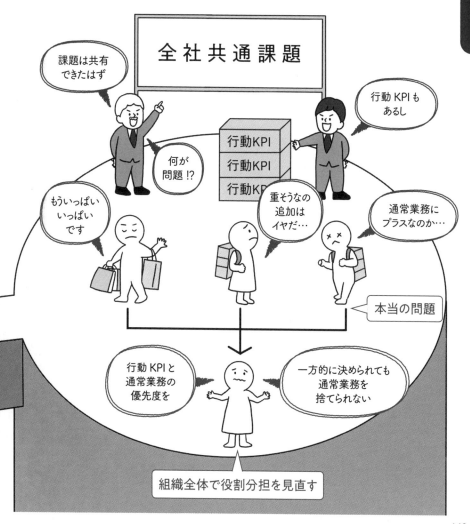

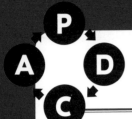

結果より
行動が重要

　売上げや利益などの「結果」は、自分でコントロールすることはできません。企業は売上げや利益を上げるために数値をコントロールしようとしますが、企業内だけではなく外部の影響も大きいため、コントロールすることは不可能なのです。重要なのは「自発的にコントロールできることに焦点を合わせる」ということです。

　「結果」に捉われすぎると、社員は無難な目標を掲げてそれを達成することだけを目指し、結果として行動のパフォーマンスが落ちてしまいます。

結果を確実に
出すには……

まずは
行動しなくちゃ！

　このように数値自体をコントロールできない指標については「結果KPI」と捉えておくことが大切です。結果KPIは、売上げや利益の変動要因を明らかにするために管理することが重要です。

　一方、行動KPIは、コントロール可能です。なぜなら「行動」に焦点を合わせているものだからです。

　たとえばファストフードなどで目標にされる「注文を受けてから商品提供までの時間」といったKPIも、自発的にコントロールできるものです。ファストフードの時間へのこだわりは「お待たせしない」という「お客さまとの約束」と連動しているものなので、非常にわかりやすい例です。

　一方、営業マンの訪問件数や面談時間は、「売りたいから訪問したい」「売りたいから面談時間を増やしたい」といった売り手側の論理が先立ち、お客さまからすると「そんなことは求めていない」となってしまうので、注意が必要です。

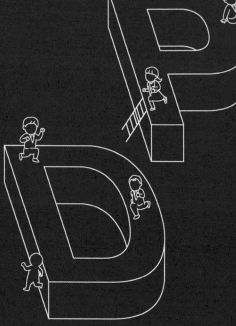

Chapter

5

Kousoku PDCA
mirudake note

スピード「改善」が
次のプランを生む

評価を下した後に大切なのが「改善」です。 これを行わないと次の
計画につながらず、「ただやっただけ」で終わってしまいます。 実行を
評価して、 わかった問題点を改善してこそ、 PDCA は回るのです。

PDCA は改善の繰り返しである

01

高速PDCA

ある問題が解決しても、次の問題が必ずどこかで発生します。だからこそ継続的な改善活動をしていかなければならないのです。

PDCA マネジメントにおいて最も重要なことは、ゴール（目標）を明確に描くことです。しかし、スタート地点で考えるゴールは、一朝一夕には到達できないものです。その一方で、途中の段階でも、さまざまな問題が解決に向かったり、売上げや利益に改善が見られたり、ある種の達成感を味わえるような場面が少なからずあるでしょう。しかし、それがゴールだと勘違いしてしまうと、PDCAサイクル自体が止まってしまいます。

途中のゴールで満足しない

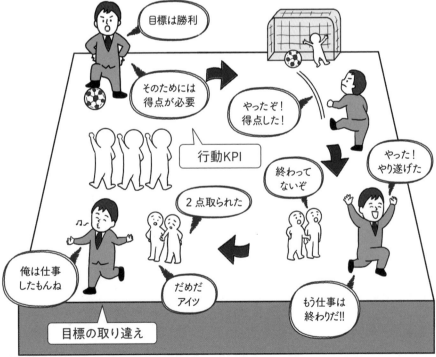

本当のゴールは、最後に勝っていることです。しかし、組織は長年の慣れてきたやり方に一瞬で揺り戻されるというリスクを常に抱えています。ビジネスにおいて「問題がない」という状況はあり得ません。時代に合わなくなった評価制度や給与制度などの改革の後もさまざまな問題は常に起こり、そういった問題に対処していくうちに、また次の問題が訪れるというのが流れです。PDCAも変化し続けるマネジメントです。ある根本的な問題が解決したら、次の問題がどこかで発生します。だからこそ**継続的な改善活動**が日常になっているような企業は強いのです。

02
高速PDCA

改善にはメンバーの共通認識が欠かせない

改善には組織としての共通認識が必要です。何のために「行動KPI」を決めたのかを忘れず、改善策を講じましょう。

A（改善）の段階で気をつけなくてはいけないのは、そもそも何のために「行動KPI」を決めたのかという**スタート時の視点**から外れないようにすること。改善に必要なのは、「行動KPI」が上がらない真の原因を突きとめて、それを解決するための方策を打ち出すことです。しかし、ビジネスでは常に結果が求められるため、気がつくと行動KPIが上がらない原因から外れて、売上げや利益が上がらない原因を追及しようとする論点にすり替わってしまいます。

行動KPIの見直し方

もちろん売上げや利益が上がらないことに対する議論は必要です。しかし、それでは論点が拡散してしまうだけです。「KPIを設定したからといって売上げが簡単に上がるわけではない」という前提を忘れずに、だからこそ改善策を講じていく必要があるということを周知徹底しなければなりません。改善には組織としての共通認識が必要ですが、「合意していないメンバーがいる」という状況は組織的な改善を阻む原因になります。だからこそ問題に対する合意には時間をかけるべきですし、「議論ばかりしていても」と省略してしまうようなことはあってはなりません。

高速PDCA

03 改善では
実現可能性を提示する

メンバーの解決策への納得を得るためには、「実現の可能性」
を提示することが必要です。

A（改善）で求められるのは、**実現の可能性**の提示です。全社的な解決の方向性は、基本的にその企業にとって全体最適を図るものになります。しかし、その方向性が必ずしも自分が所属している部門や担当業務のメリットにつながらないこともあります。そのため、自分の見える範囲でデメリットが発生すると、「問題はわかったが、解決の方向性については理解できない」という状況になってしまいます。これが「部門の壁」「縦割りの弊害」と呼ばれるものです。

協力によるメリットを共有する

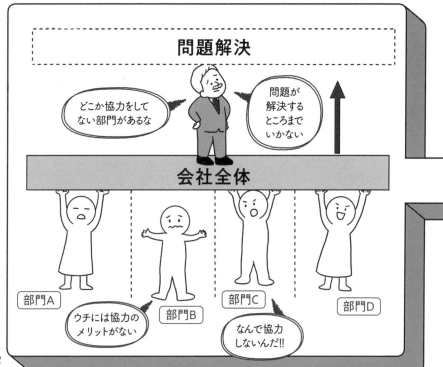

つまり、部分最適（一部や個人だけが最適な状態を優先すること）を追求することが、必ずしも全体最適につながるわけではないのです。これが組織の特徴です。そのため、解決の方向性への理解を促すには、デメリットによって抵抗を感じるポイントを一つひとつ打ち消すステップを踏みましょう。解決の方向性への理解が深まれば、あとは解決策への個々の納得を得ていきましょう。そのとき、人に納得してもらうために必要となるのは、「実現可能性の提示」です。想定できる障害を洗い出し、その克服策を提示できれば、実現可能性は飛躍的に高まり、自ずと納得を得られることになるでしょう。

153

高速PDCA

04 改善事例を見つけ出す

「各論反対」を放置すると改善は進みません。改善事例として
参考にすべきものは、必ず社内にあるものです。

A（改善）が動かないとき、個々人の中では「総論賛成、各論反対」という意
識が働いています。この「各論反対」を放置してしまうと、改善は進まなくなるか、
たとえ進んだとしても期待していた効果が得られないといった状況に陥ります。
ここでよく考えなくてはいけないのは、「そういう人がいると困るな」ということ
とではなく、「自分が各論反対のスタンスに立ってしまう可能性は少なからずあ
る」ということです。

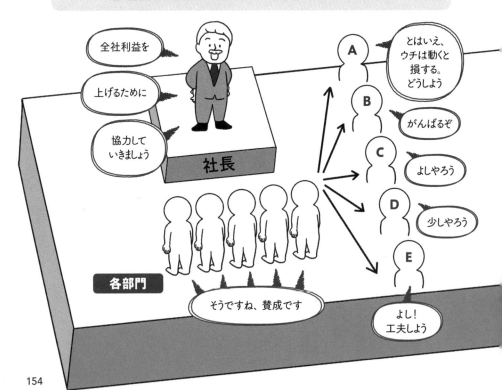

各論反対がPDCAの足を引っ張る

「自分の業務にとってデメリットが大きいから、反対せざるを得ない」という立場になった場合、考えるべきなのは「自分が経営トップだったら、どう判断するか」という視点です。経営陣であれば、会社の財務状況はじめ、あらゆる業務に目配りができなければなりません。また、改善事例として参考にすべきものは、必ず社内にあるものです。たとえば同じきびしい環境でも業績のいい部門があれば、なぜそうなのかを探り、他部門でも参考にすべきです。優秀なマネージャーの行動を整理した「**ベストプラクティス**（成功事例）」があれば、その行動をトレースすることで平均の底上げは可能です。

05 改善案をすぐプランに 移すコツ

問題を「見える化」して共有しても、限られた時間を有効に使わなければ、改善は進みません。

ほとんどの会社ができていないのが、「この組織にはどんな問題があるのか」ということを「見える化」することです。見える化するには、「**見える化ツリー**」をつくります。見える化ツリーとは、問題点をツリー状に分けていき、原因や解決策を論理的に探していくためのフレームワークです。見える化ツリーで全員が問題点を共有し「業績が上がらないのだったら、ツリーの根の部分から改革していかなければならない」という認識を共有できるようになります。

見える化ツリーとは

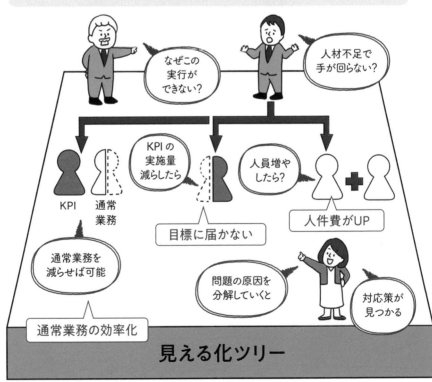

ところが多くの場合、見える化ツリーをつくるために集まることも「忙しいから無理」という企業も少なくないのが現実です。本来、計画づくりの時間すら取れないのだったら、どんな改善もできません。それは「今やるべきこと」がわかっていないから、時間を取ろうとしないともいえます。PDCAでも時間がかかるのが「D（実行）」「A（改善）」ですが、経営資源と同じで仕事をする時間も限られています。改善案をすぐプランに移すには「限られた時間」の使い方を変化させ、「今すべきことは何か」を明確化し、改善のための時間を優先することが重要です。

157

06 継続的改善活動の習慣化

高速PDCA

改善のプロセスを考え、楽しんで習慣化を行っている組織こそが、変化に強い組織になれるのです。

PDCA サイクルは、何度も何度も回しながら改善を重ねていく手法であり、一度回したからといって、大きな成果を得られるわけではありません。大切なのは、回転を止めずに PDCA サイクルを回し続けることです。「まだ完璧にできているわけじゃない」という気持ちで取り組むという点では、ゴルフや将棋、あるいは楽器演奏や絵画といった「プロフェッショナル」が存在する分野の趣味と同じようなものだといえるかもしれません。

PDCA を回すときの心構え

人は、できないことをできるようにするために、努力することをいとわない生き物。どんなに難しいことでも、習慣化してしまえば、改善活動を当たり前に継続できるのです。同じように PDCA マネジメントも、他人にやらされているようなイメージを持っていると、取り組みにも身が入りません。もっとうまくやれるようになるために考える時間、実際にトライしてみる時間を楽しむことが大切です。昨日よりも今日、今日よりも明日と、**改善の習慣化**を行っている組織が、変化に強い組織になれるのです。

PDCA は趣味感覚で

07

高速PDCA

改善のポイントは顧客との接点

A（改善）のステップで重要なのは、考えるべき問題を広げすぎず、顧客との接点に立ち返ることです

PDCAサイクルにおいて、すべてが順調に進捗するわけではありません。だからこそ、C（評価）の段階で計画通りに進んでいないことに対し、「なぜうまくいかないのか」を明らかにし、適切な改善策を立てる必要があります。この問題点を正確に把握できていないことが原因で、A（改善）のステップでつまずいてしまい、結果としてPDCAが回っていないという感覚を持ち、諦めてしまう企業が多くあります。

問題がある部分を特定する

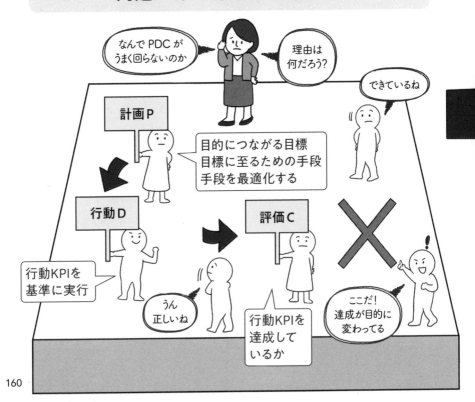

組織が大きくなってくると、部門間での意見の相違が目立つようになります。また、目標達成への意欲が強い組織ほど現在の好ましくない状況を打開しようとして、目につく問題をすべて出し切らなくては状況は好転しないという過度な危機感を持ってしまいがちです。A（改善）のステップでとくに気をつけたいのは、「なぜうまくいかないのか」という問いに対して「考えるべき問題をむやみに広げすぎない」ことです。想定通りに上がらない「行動KPI」について明らかにすべきことは、「お客さまとの接点で起きている事実は何か」、つまり現場に行き、**お客さまとの接点**を軸に事実を洗い出すことです。

08

高速PDCA

本質を見抜くための
考察が必要

お客さまの言葉をそのまま「評価」として改善案を挙げるのは
誤りです。その前に考えるべきことがあるのです。

お客さまのニーズを「言葉」からだけで知ることはできません。お客さまが「もっと安ければ買う」という場合に、「商品が高いから売れない」と考えるのは短絡的。付き合いのあまり深くないお客さまからの「安ければ買う」という言葉は、「あなたの会社とは取り引きしない」というメッセージの可能性もあります。行動KPIにもとづく客観的な評価では、こういったメッセージを見抜くのは難しいもの。そのため、改善のときには理由を突きつめていく必要があります。

お客さまの本音を見抜く

「取り引きしない」という理由の多くは「どんな会社なのか知らない」「どんな営業マン（相手）なのか知らない」などです。つまり、お客さまの言葉通りに価格を下げても取り引きしてくれるとは限らず、値引きのための改善がすべてムダになる可能性もあります。それよりも重要なのは本質的な問題点の解決であり、「取り引きをしてもいい」と思わせるための行動。「どんな会社なのか」ということを知ってもらうために「既存客がなぜ自社と取り引きしてくれるのか」という強みを伝えたり、何度も通って「どんな営業マンなのか」を知ってもらうなど、お客さまの言葉の本質を見抜いた改善策を考察する必要があるのです。

09

高速PDCA

改善を邪魔する
４つのしがらみ

改善を阻んでいる４つの「しがらみ」からの脱却こそが、改善ステップの最大のポイントなのです。

一見、PDCAサイクルを回しているように見えるのに、なかなか成果に結びつかない状況に陥っている人もいます。この「成果が出る、出ない」の分かれ目が「しがらみ」です。仕事はさまざまな人たちとの関係の中で進めていくものですが、改善を阻んでいるのが「**しがらみ**」です。人を縛って改善を遅らせる「しがらみ」には、①評価制度によるしがらみ、②組織構造によるしがらみ、③習慣によるしがらみ、④考え方によるしがらみの４つがあります。

４つのしがらみを把握する

①はハイパフォーマーがローパフォーマーに教えることが望ましいのに、ハイパフォーマーに何のメリットもないような評価制度の場合、改革の取り組みは進みません。②は企業の縦割りの弊害で、業績が悪くなると他部門のせいにしたりしがちです。③は習慣化したマニュアルが従業員の「本来はどうすべきなのか」と考える力を奪ってしまうようなケース、④は「〜だからできない」といった自分の中の「考え方」が行動を阻害する場合です。これらのしがらみに捉われていると、改善のスタート地点にすら立てません。しがらみからの脱却こそが、改善ステップの最大のポイントになるのです。

10
高速PDCA

迅速な改善のための
意思決定のコツ

PDCA を進めるための各部門が集まる会議では、細かい情報伝達ではなく、目的を明確にして議論をつくすことが大切です。

全社的に PDCA を進めるときは、組織を横断したコミュニケーションが必要になります。とくに「改善」は一部門では済まず、関係部門と協力しなくてはいけない場面も数多くあります。しかし、その「**議論の場づくり**」には注意が必要です。一般的な対策会議は 10 名以上が集まり、それぞれの部門の「方針伝達」や「現状把握」「情報共有」に時間が浪費され、適切な議論ができていることは多くありません。さらに、そんな会議の場合、「せっかく集まる機会だから」

失敗する会議の2つのパターン

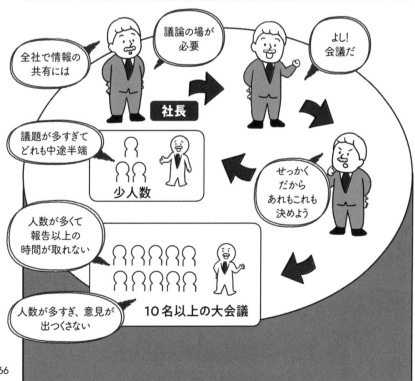

とあれこれ議題を盛り込んで、PDCAを進めるための議論も中途半端に終わるケースも見られます。しかし、情報の共有・伝達だけが目的なら、通常の会議やメールなどで充分。「問題抽出」「問題解決」「企画立案」など、改善策を検討する会議の場合は、「真の問題は何なのか」「その解決のために何が必要か」「方策や企画をどう実行するか」など具体的にテーマを設定し、議論を尽くしたうえで意思決定を行います。そのため適正な数の参加メンバーを選び、進行方法などにも工夫をこらして、最終的な意思決定が適切に行われるようにすることが重要です。

11

高速PDCA

改善には
コミュニケーションが必要

部署間で対立が起こっている場合、その根本的な原因の1つは「他部門とのコミュニケーションの場がない」ことです。

A（改善）の段階でやるべきことは、悪い原因を解決する方策を提示することです。ところが組織一体となって物事を進めていくのは簡単ではありません。「行動KPI」を上げていく改善策を話し合っているのに「○○に人と資金を投入すれば売上げへの即効性は高い」などと、別の論点からの発言で会議が混乱することがあります。複数で議論する際には、「今、何について議論をしているのか」というポイントから外れないように意識する必要があるのです。

改善方法を考えるポイント

大切なのは「問題点に対する同意」です。自部門ががんばっているのに業績が上がらなければ、他部門に問題があると考えがちだからこそ、お互いの顔が見える場で、膝を突き合わせて議論できる場を設定することが不可欠です。そして問題を提起する際は「がんばっている」「だらしない」といった主観的な意見で話をするのではなく、意見を形成するに至った「事実の部分」を議論の材料にするべきです。部門間の対立がある組織で、冷静な議論の場をつくれるようになると、対立が起こっていた根本的な問題の1つが「**他部門とのコミュニケーションの場がない**」ことであることがわかるでしょう。

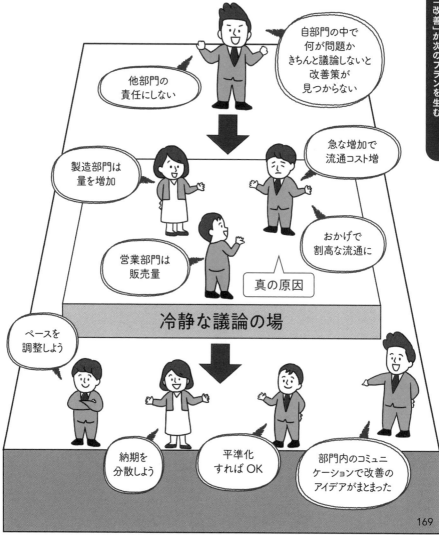

組織内の対立の存在を理解しよう

高速PDCA

ビジネスに「対立」は付きものですが、対立構造を組織内に周知するだけでも、議論する際の姿勢が改善されます。

PDCAでの「対立」とは、「目的を果たすためにやるべきだと考えている行動には、相反する（同時にはできない）行動がある」ということ。たとえば「今、この商品がほしい」という顧客のためには、欠品は機会損失につながるので「在庫を持つべき」ですが、在庫が残るとロスになるので「在庫は持つべきでない」という考えも大切です。企業として利益を上げるという目的に照らし合わせると、どちらも間違っていませんが、同時にはできない行動です。

改善をストップする「対立」構造

このようにビジネスには「対立」が付きものです。これに各部門の利害が絡んでくるので、さらに話の整理がつかなくなってしまいます。このような「対立」の構造はほかにもあり、**対立構造**を組織内に周知するだけでも、議論する際に「ほかからの意見にもしっかりと耳を傾けよう」という姿勢に改善されます。そして対立構造が見過ごしておけない問題になっていれば、どちらが良い悪いではなく「今、最適な選択」をしなくてはなりません。それによって「わが社が選択する道はこれだ」という決定を下し、メンバーの「場合によっては異なる選択も仕方がない」という経営者的な視点を磨くことにもなります。

高速PDCA

PDCAを回すための会議のコツ

会議を「行動KPIの報告会」で終わらせないためには、「討議」や「対話」の場をバランスよく使い分けることが大切です。

改善策を決定するために必要不可欠なプロセスが「会議」です。そして本来会議の場で議論しなければならないのは、PDCAがうまく回っていない場合に「なぜうまくいかないのか」を明らかにし、適切な改善策を決めることです。ところが、多くの企業の従業員から「ウチの会社はムダな会議が多い」という声が聞こえてくるのは、どうしてでしょうか。それはほとんどの会議が「結果KPI」の報告会で終わってしまっているからです。

会議はKPIの報告会にしない

そのような会議では、「新商品が思ったより市場に受け入れられなかった」など、「結果KPI」が達成できなかった理由として表面的な事実を報告されるだけ。そういった企業の風土を変えるのには時間がかかります。ではどうしたらいいかというと、複数のグループによるディスカッションを行い、与えられた時間内に結論を出すこと。会議とはそれを発表する場だと定義するのです。そもそも会議だけに頼るのではなく、「**討議**」や「**対話**」の場をバランスよく使い分けることが職場のコミュニケーションには必要であり、討議の成果を会議に生かすことは不可欠です。

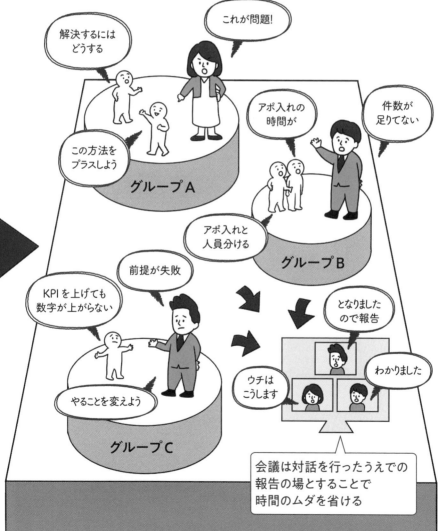

14 情報収集で視野を広げる

高速PDCA

自分の視点だけで捉えると PDCA の目的を見失うこともあります。情報を幅広く集めると改善の方法も明確になります。

PDCA の失敗例でよく挙がるのが「手段の目的化」です。たとえば、日常業務の効率アップ（目的）のために、業務日誌や営業日誌を使って C（評価）や A（改善）につなげようと P（計画）を立てたとします。しかし、メンバーがその意義を共有できていなければ日誌は「提出しているだけ」となり、提出された日誌を改善につなげなければ「提出状況を管理するだけ」という、手段の目的化が起こります。その結果、効率アップどころか、余分な行動 KPI が増えるだ

情報収集の意味

けで、まったく効果がありません。つまり、手段の目的化は「改善」を怠ることからも発生するのです。とはいえ、目的の共有が大事なことはわかっていても、人はどうしても自分が見えている範疇で物事を考えがち。「日常業務が忙しくて手がつけられない」となってしまうこともあります。それを防ぐためには、自分の業務以外にも興味を持ち、どんなことで困っているかなどを普段から**情報収集**することが大切。周囲や会社全体の業務を把握することで PDCA の全体像を把握でき、A（改善）の重要性も理解できるからです。情報収集の習慣は、PDCA を回すために非常に役立つものなのです。

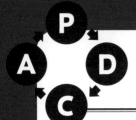

改善策は
新たな計画の
始まり

　ここまで読んでおわかりのように、PDCA はそのサイクルを速く回し続けることが重要です。そしてそれぞれのステップにおいて、サイクルを回し続けることを阻害するような障害を克服する必要があります。

　つまり、改善には「終わり」がありません。継続的に改善し続ける動きを「当たり前」のこととして続けることが、PDCA マネジメントがうまく回っているということなのです。

　ビジネスにおいて「問題がない」といったコメントが出

PDCA が
1 周しましたね

大変で
疲れたね……

てくるような企業は、そのコメントを発していること自体が、そもそも問題だといってもいいくらいです。

　仮にあなたが飲食店を起業した場合を考えてみましょう。最初は固定客もいませんから、「集客」つまり、とりあえずお客に来てもらうことが最大の課題です。さまざまな手を尽くし、その結果、実際に来店したお客に対しては「本当にありがたい」ともてなすでしょう。その結果、顧客満足度は高くなるはずです。

　そのおもてなしに満足した人がリピーターになって、徐々に「お得意様」が増えてきます。しかし客数が増えてくると、客席回転率を上げたほうが利益が出るので、ゆっくりと客をもてなすことはできなくなります。すると開店当初のもてなしを期待していたお客の足は遠のいていくかもしれません。「もてなす」「さばく」のバランスが次なる課題になります。

　このようにPDCAの流れで目的を達成したとしても、常に新しい課題に向き合いながらPDCAサイクルを回していくことで、持続的な成長が可能になるのです。

Chapter

6

Kousoku PDCA
mirudake note

有名企業に学ぶ
PDCAの成功事例

どんな大企業も、業績が
ずっとよいままということはありません。
PDCAをどう回したかに注目すると、
業績回復のヒントが得られるでしょう。

かつて業績不振に陥りつつも、PDCAで危機を乗り越えた5つの企業
の例をこの章では紹介します。何が問題で、どのようにPDCAを回し、
危機を脱したのかを解説していきます。

トヨタ式PDCA 「カイゼン」の極意

高速PDCA

トヨタは、業務を徹底的に効率化することを目指しており、そのために「7つのムダ」を定めています。

トヨタの改善活動の柱の1つは、生産ラインのムダを徹底的に排除するために確立された「トヨタ生産方式（TPS）」であり、もう1つはPDCAサイクルです。トヨタ生産方式は、全社的な「継続的な改善」によって成り立っている点において、PDCAサイクルによく似ているといえるでしょう。今ではトヨタ生産方式は世界に広く知られていますが、いまだにトヨタほど上手に使いこなしている企業はないといわれています。

世界に知られる「カイゼン」方法

社員

在庫のムダ

なくせ！
7つのムダ

改善

在庫のムダ

どのくらい

売れそうかを
正確に予測

必要以上の
手間をかけない

加工のムダ

造りすぎのムダ

ムダの

トヨタの「改善」は、多様化する消費者ニーズに応えながら収益性を高めるために業務を徹底的に効率化することを目指しています。そのためにはムダを徹底的に排除する必要があり、トヨタ生産方式では、「**7つのムダ**」として定義し、ムダの本質を明確化しています。7つのムダとは、「加工のムダ」「在庫のムダ」「造りすぎのムダ」「手待ちのムダ」「動作のムダ」「運搬のムダ」「不良・手直しのムダ」です。この中で最も悪いといわれているのが「造りすぎのムダ」で、これを容認してしまうと、運搬や保管などの面でどんどんムダが増加していき、利益が上がる企業になれないからです。

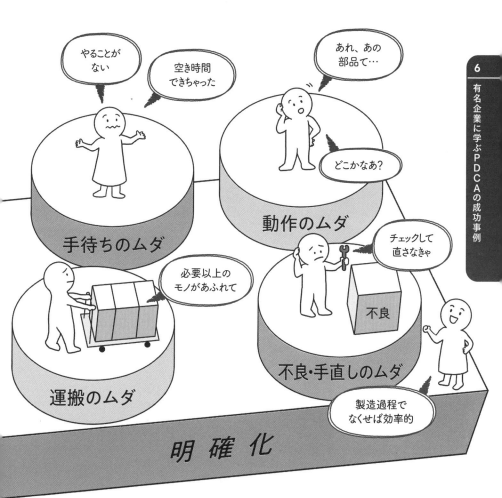

高速PDCA

ソフトバンクの
1日単位の高速PDCA

ソフトバンク3原則に基づいた「ソフトバンク式PDCA」を高速回転させることで、同社は成長を続けています。

圧倒的なスピードで成長を続け、2018年にはトヨタに次いで日本第2位の株式時価総額となったソフトバンクを支えているのは、全社員によって実施されている「ソフトバンク式高速PDCA」です。ソフトバンク式とはいっても、同社で行われている高速PDCAの基本的なプロセスや考え方は、従来のPDCAと変わりません。むしろ重要なのは、「ソフトバンク3原則」に基づいたPDCAであるということです。

スピーディなPDCAを実施

ソフトバンク3原則とは、「①思いついた計画は、可能な限りすべて同時に実行する。②1日ごとの目標を決め、結果を毎日チェックして改善する。③目標も結果も、数字で管理する」です。①はP（計画）の段階で、過去のデータなどを分析するのではなく、実行して結果を得ることでPDCAサイクルを高速回転させようというものです。②は1日単位の目標を設定し、毎日C（評価）を行うということ。③は数字によって目標、結果、その原因を正確に把握しようということです。この3原則に基づいた「ソフトバンク式PDCA」を高速回転させることで、同社は成長を続けているのです。

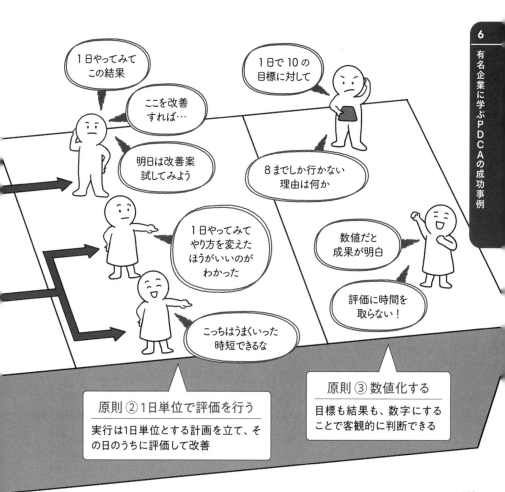

03 仮説を立てて評価・改善 無印良品のPDCA

高速PDCA

業績不振に陥っていた無印良品を救ったのは、「仮説を立て評価・改善を行う」というPDCAそのものの構造改革でした。

かつて無印良品は、業績不振に陥っていた時期がありました。無印良品を展開する良品計画は、設立10年で売上げ1000億円を上げるほどの急成長を遂げました。その後、ユニクロやダイソーなど競合企業の登場で、2001年の業績は38億円の赤字に転落。ところが、2001年に同社の社長に松井忠三氏が就任すると、6年間で利益72億円にまで回復させることに成功しました。松井氏が進めた構造改革の手法は、PDCAそのものでした。

企業文化も必要に応じて改善

松井氏が行ったのは「**仮説を立て評価・改善を行う**」という施策です。その１つは「紙の量（資料）を減らす」というものです。松井氏は「実行力が弱いのは、長いだけでメリットがない資料に原因がある」と考え、「会議に出す資料はA4用紙１枚」というルールを決めました。当時の良品計画には、「紙をたくさん使う（資料をつくり込む）」という文化があり、その結果、資料づくりや会議が目的化して時間や人的資源を費やし、実行する力が弱まっていたのです。「紙を減らす」という計画を立て、実行した結果、会議時間が短縮されて実行力がアップ。さらに改善を進めるという手法で、無印良品を再建したのです。

回復期の無印良品

問題を的確に把握して改善 ユニクロのPDCA

04

高速PDCA

業績低迷の原因は「欠品」。「ご要望の商品はあります」という
お客さまとの約束を徹底する仕組みが重要です。

ユニクロはアパレル業界のSPA（製造小売）業態の先駆者であり、今やその
名を知らない人はいないでしょう。成功の要因としては、製造から小売りまで
手がけることにより、小売りの現場でつかんだ消費者ニーズをいち早く製造に
フィードバックできるというSPAのメリットを最大限に生かしているところに
あります。しかも、ユニクロはトレンドに左右されやすいファッションというビ
ジネスを、PDCAマネジメントによって回しています。

業績を回復したPDCA

ユニクロはフリースで一世を風靡した後、業績が低迷していた時期がありました。その原因を突きとめようとしたものの、なかなか明らかにできませんでしたが、外部に調査を依頼してそれが「欠品」によるものと判明。ほかの店では余っている商品がたまたま行った店になく欠品になっていて、大きな機会損失を起こしていたのです。それから店舗ごとの仕入れの権限は現場をいちばんよくわかっている各店の店長に任されることになりました。来店したお客さまに対し「ご要望の商品はあります」という**当たり前の約束を徹底**する仕組みづくりが、重要なポイントだったのです。

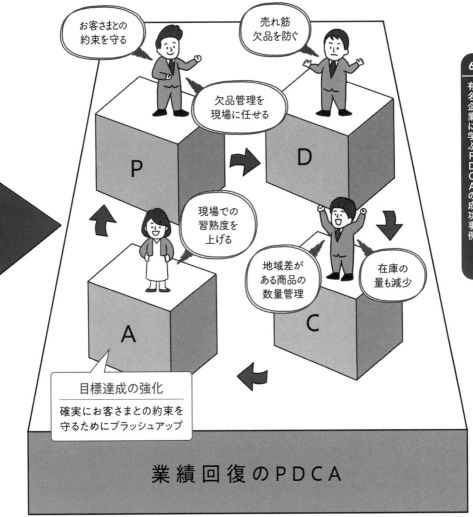

187

05

高速PDCA

お客さまとの約束を徹底
成城石井のPDCA

成城石井が業績を改善する取り組みとして実施したのは「挨拶、欠品しない」という当たり前のことの徹底でした。

成城石井は2014年に当時経営権を持っていたファンドからローソンに売却されました。以後、もともと高級スーパーとして認知されていたポジショニングを高品質スーパーへと変えることに成功しています。こだわりの品揃えで差別化を図り、消費者に受け入れられているのはもちろん、駅ナカへの出店など新しい試みを成功させているのが好業績の要因。しかし、2006年には売上げを伸ばしながらも経営利益ベースでは前期比半減という状況に陥っていました。

改善を経て顧客との関係を良好に

そこで成城石井がPDCAで取り組んだのは「挨拶、欠品しない」をお客さまとの約束として掲げた改善の徹底。「挨拶は基本だから徹底するように」と簡単な指示で済ませるのではなく、定期的に「調査」したうえで行動KPIの上がらない店舗に対しては「徹底指導」するというC（評価）とA（改善）を徹底して実施しました。また、「欠品しない」という目標に関しては「○○までロスを出していい」と、P（計画）段階で具体的な指示を伝え、C（実行）を徹底。これにより成城石井の売上げは伸び、経営も健全化したのです。これは、「当たり前」の行動を従業員の主観任せにはせず、会社が細部まで**定義**して共有し、さらに評価・改善に本気で取り組む姿勢を見せたことで成功した例だといえます。

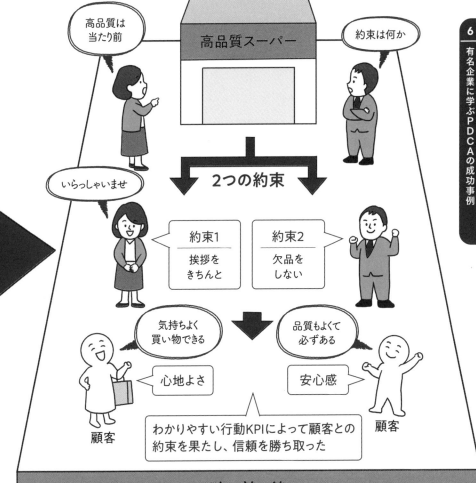

◉ 主要参考文献

これだけ！PDCA
川原慎也 著（すばる舎）

マンガでやさしくわかる PDCA
川原慎也 著／松尾陽子 シナリオ制作／谷口世磨 作画
（日本能率協会マネジメントセンター）

図解 & 事例で学ぶ PDCA の教科書
川原慎也 著（マイナビ出版）

ポイント図解　PDCA が面白いほどできる本
川原慎也 著（KADOKAWA ／中経出版）

12 ヵ月成果を出し続ける　PDCA手帳術
川原慎也 監修（日本能率協会マネジメントセンター）

リーダーシップで面白いほど結果が出る本
川原慎也 著（あさ出版）

これだけ！5 S
川原慎也／響城れい 著（すばる舎）

絶対に断れない営業提案
川原慎也／小林昇太郎 著（中経出版）

◎STAFF

編集	木村伸司（G.B.）
執筆協力	村沢 譲
本文イラスト	しゅんぶん
カバーイラスト	ぷーたく
カバー・本文デザイン	別府拓、深澤祐樹（Q.design）
DTP	プールグラフィックス

監修 川原慎也（かわはら しんや）
みなとみらいコンサルティング株式会社　代表取締役

米国自動車メーカーにて営業、マーケティング、ブランディングなどを経験した後、国内大手コンサルティング会社に入社。中小企業を得意とする同社において、中堅〜大手企業に対するコンサルティングの道を切り拓く第一人者として活躍した後、現職に至る。

2012年に発売された『これだけ！PDCA』（すばる舎リンケージ）が17万部の大ヒットとなったのをきっかけに、PDCAを導入・推進するコンサルティングを数多く手掛ける。経営陣、中堅幹部がどうしてもつまづいてしまうポイントを適切に乗り越えていくきめ細かな手法で、クライアント企業の求める結果に導くコンサルティングスタイルに対する信頼度は年々高まっている。

近年は、自らのコンサルティングに活用するために開発したITツールをクライアント企業と共有し、スピーディかつタイムリーな"見える化"、幹部クラスの資料作成工数"0（ゼロ）化"を実現、より重要な業務に集中できる体制をつくることによる業績向上に大きく貢献している。

著書・監修書に『12ヵ月成果を出し続けるPDCA手帳術』『マンガでやさしくわかるPDCA』（ともに日本能率協会マネジメントセンター）、『LEADER's LAMDA』（すばる舎リンケージ）、『リーダーシップで面白いほど結果が出る本』（あさ出版）などがある。

短時間で劇的な成果を上げる
スピード仕事術がゼロから身につく！
高速PDCA見るだけノート

2021年3月27日　第1刷発行

監修　　　　川原慎也

発行人　　　蓮見清一
発行所　　　株式会社 宝島社
　　　　　　〒102-8388
　　　　　　東京都千代田区一番町25番地
　　　　　　電話　営業：03-3234-4621
　　　　　　　　　編集：03-3239-0928
　　　　　　https://tkj.jp

印刷・製本　サンケイ総合印刷株式会社